KAWADE
夢文庫

偽書が描いた日本の超古代史

原田 実

河出書房新社

カバー画像★yonehara keitaro/orion/amanaimages
および「ホツマツタヱ」上奏部分の一部

なぜ偽書が出現し、多くの人々に信じられたのか——まえがき

●あやふやな神話・伝説と歴史の境目

記録や伝承を古い方へと遡っていくと、次第に、歴史と、神話や伝説との区別がつきにくい世界に入っていく——これは、どの民族の文化でもありがちなことである。

日本の場合、『古事記』『日本書紀』（あわせて記紀）が、年代記載のない神話の世界・神代から始まり、そこから紀年はあるが実在さえ定かではない伝説的な上代天皇の系譜や事績が語られるうちに、いつのまにか歴史へと突入してしまう。

その神話や伝説と未可分な領域を歴史として解釈するために、考古学的資料や中国・朝鮮資料との比較を行なう研究もあるが、その手法にも限界はある。

たとえば日本列島から出土した文字遺物の人名で記紀に登場する人物と、明確な対応が認められる最古の例は五世紀、熊本県江田船山古墳出土鉄刀銘と埼玉県稲荷山古墳出土鉄剣銘の「ワカタケル大王」と雄略天皇で、それにやや先行すると思われる和歌山県隅田八幡宮人物画像鏡銘文の「大王」や奈良県石上神宮伝来七支

刀銘文の「倭王」は、記紀の天皇への同定が困難である（さらに言えば「ワカタケル大王」と雄略の対応についても疑問視する説がある）。

しかも、日本において、考古学的手法で古代の文字資料が積み重ねられたのは、歴史的に見ればつい最近と言ってもよい。

昭和期前半までの研究者は、ほとんどその恩恵に与ることができなかったわけである。

海外史料との比較にしても、たとえば、魏志倭人伝で邪馬台国に都したとされる倭の女王・卑弥呼についても、記紀や風土記に登場する人物の誰と対応するのか、あるいは誰とも対応していないのかさえ議論百出で定まらないありさまだ。

ちなみに、魏志倭人伝とは、実際には正史『三国志』魏志東夷伝倭人条のことで、この正史『三国志』は小説の『三国志演義』の骨子を提供するものでもある。年代的には卑弥呼は諸葛孔明（一八一～二三四年）や司馬仲達（一七九～二五一年）とほぼ同時代人なのである。

●偽書をとりまく熱いドラマ

このような状況では、記紀で神話や伝説として語られている領域まできちんとした歴史として説明してくれる史料を求める人々がいても当然だろう。そして、本書で扱うのは、そのような人々の要求に応えるかのように現れた史書・史料である。

本書に登場するのは、偽書として結局は歴史学界から排斥(はいせき)されたり、異説奇説の根拠として用いられたり、あるいはその両方だったりした史書・史料ばかりである。

史書・史料には、必ず、それを書き残した人々、伝え守ってきた人々、流布(るふ)した人々をめぐる物語を伴っている。

そして、本書で扱う史書・史料の周辺では、通常の史書・史料以上に熱気に満ちたドラマが展開していた。

それは、歴史の真実を隠したまま立ちはだかる世界の壁に、自らの存在を賭けて挑戦した者たちの足跡なのである。

本書が、彼らの息遣いを少しでも読者に伝えられるものになるなら幸いである。

なお、本書において上代天皇の年代は『日本書紀』に基づいて西暦換算した。それは本書で扱った史書・史料の作者の多くが『日本書紀』の年代観にしたがってその内容を書いたものと推察できるからである。

原田　実

偽書が描いた日本の超古代史●もくじ

竹内文書（たけうちもんじょ）

太古の日本は、世界文明の中心地であり、イエスや釈迦、マホメットも訪れていた…。八〇〇億年以上の歴史を記述する文書。

●青森県にある「キリストの墓」

昭和一〇年（一九三五）、青森県十和田湖畔の戸来（へらい）村（現・新郷（しんごう）村）は焦燥（しょうそう）と期待に包まれていた。当時、日本政府は国内の風光明媚（めいび）の地を国立公園に指定する方針を定めており、十和田国立公園もその一つとなることが決定していた（一九三六年正式指定、現「十和田八幡平（はちまんたい）国立公園」の前身）。

十和田湖周辺の各町村はそれを受けて観光客誘致の準備を進めていたが戸来村は指定予定地域から外れていたのである。

国立公園に来る観光客をなんとか戸来村にも呼び込めないものか、頭を抱（かか）える村役場一同に耳寄りな話がもたらされた。中央画壇で活躍する青森県出身の画家・鳥（と）谷幡山（やばんざん）（一八七六〜一九六六年）は風景画の題材としてしばしば十和田湖を訪れているというのである。その絵を町おこしに使いたいという村の申し出に対し、鳥谷は予想外の提案をした。鳥谷の見立てでは戸来村には太古の貴重な遺跡が眠っているという。そこで、その鑑定のために太古史にくわしい人物を招くので、案内してほしいというのである。

その人物・竹内巨麿（きよまろ）（一八七五？～一九六五年）が招待に応じて現地に現れたのは八月のことだった。彼は鳥谷や村長らの案内で村の史跡を巡り、伝説に耳を傾けた。そして、村人たちがミコノアトと呼んでいる塚の前まで来た時、巨麿は立ち止まってじっくりと観察し始め、やがて鳥谷と顔を見合わせてうなずき合った。

戸来村を去った巨麿が、鳥谷を通じて戸来村に重大な発表をもたらしたのはその年の一〇月のことである。巨麿が所蔵している古文書の中からイエス・キリストの遺言書が発見された。そして、その遺言書には戸来村こそキリストの晩年の住処であることが記されていたというのである。

ミコノアトの「ミコ」は村人の間では南朝の皇族、すなわち皇子のことではないかと噂されていた。それ

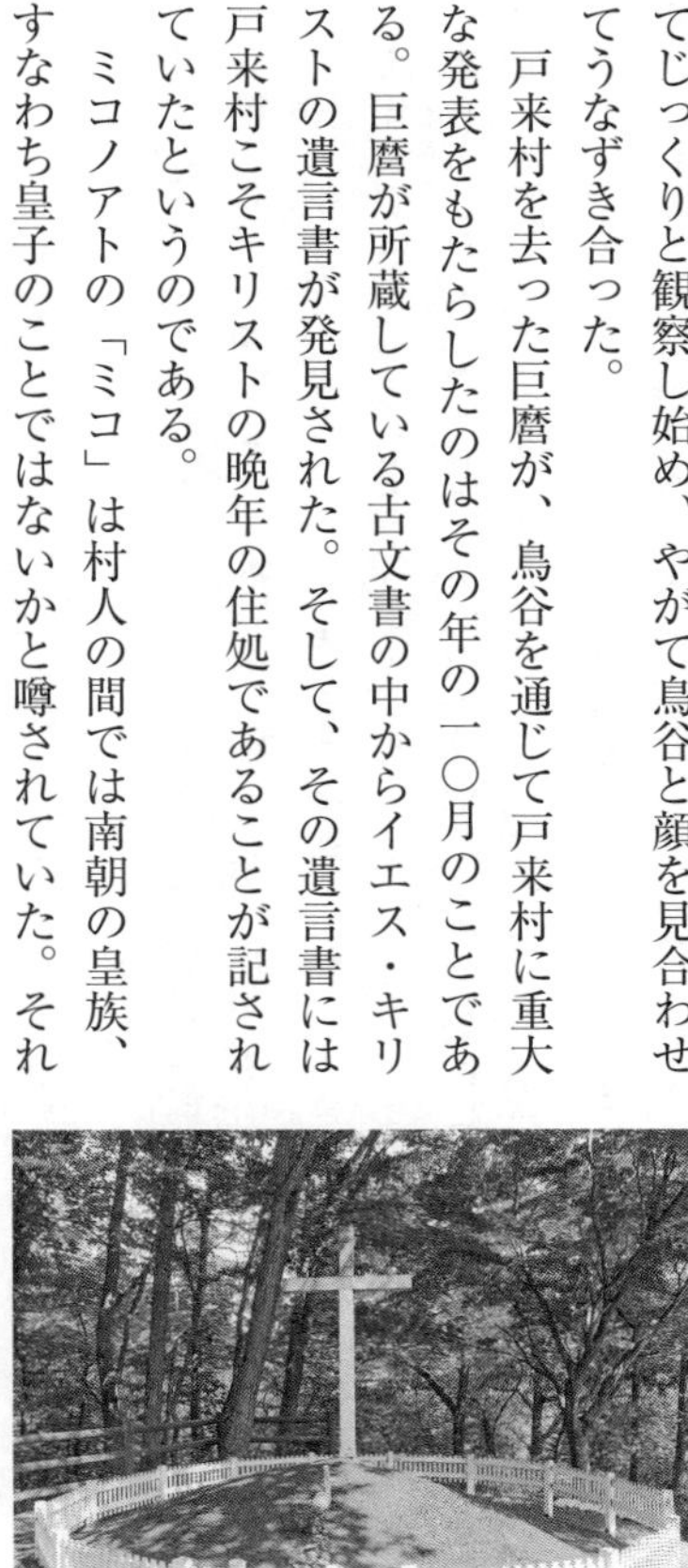

旧・戸来村にあるキリストの墓

がこの遺言書の発見により、神の御子たるキリストのことだと判明したというわけである。

その遺言状によると、キリストが人々を救うために難にあった時、弟のイスキリが身代わりとなって密かに逃れ、天国（日本）へと向かった。その目的は一九三五年後に天下が泥の海となるような災害が生じた時、天国の天皇が世界を統一するという預言を後世に残すためだった。

キリストが天国にたどりついたのは垂仁天皇三三年のことだったという（『日本書紀』の紀年ではほぼ西暦四年にあたる）。

キリストは八戸に上陸して戸来村で修行し、さらに天国全土を回って天皇にも拝謁した。そして武雄心親王という神官にその遺書を託した（タケオゴコロとは『日本書紀』で武内宿祢の父親とされる人物）。こうして武内宿祢の子孫である巨麿の家に、なぜか日本語で書かれたキリストの遺書が伝えられたというわけである。

風景画で村の宣伝をしようというくらいに考えていた村長らからしたら、急転直下、予想外の展開だった。しかし、今や、「キリストの墓」を中心に整備されたキリストの里公園は新郷村にとって貴重な観光資源であり、六月の第一日曜日に開催されるキリスト祭りには毎年、大勢の観光客がやってくる。

そうしてみると鳥谷の提案にのって巨麿を招聘した当時の村長は、慧眼の持ち主だったといえそうである。

●八〇〇億年以前から始まる神々の系譜

『竹内文書』とは竹内巨麿が、竹内家により代々継承されてきたと称して所持していた記録・古文書・器物類の総称である。

巨麿は天津教（現・宗教法人皇祖皇太神宮）の教祖でもあったため、『竹内文書』はその教団の御神宝ともされていた。したがって、キリスト遺言状もその『竹内文書』の一つだった、ということになる。

『竹内文書』の根幹を成すのは長大な神々の系譜である。その原本の記録は八〇〇億年以上も前から皇室の祖先によって始められ、武烈天皇二年（『日本書紀』の紀年では西暦五〇〇年頃）に宮中から出されて、漢字仮名交じり文に書き改められた上で竹内家歴代により書写されてきたという。

『竹内文書』によると天地がいまだ分かれる前に現れた原初の神を元無極躰主大御神、別名を天地身一王大神、あるいはナンモアミン、メシアなどという。

元無極躰主大御神に続いて現れた中未分別主大神は「年歴無数」の時をかけて天

地を卵のような丸い形に整えた。

次いで現れた天地分主大神は二二四億三二万一六年をかけて天と地とを分けた。さらに続く天地分大底女大神二神は、天空にたなびく煙のようなものから現れた男神と女神で、その登場により宇宙に男女の区別が生じた。

さらに地にたなびく煙のようなものから現れた天一天柱主大神躰光神天皇・天一美柱主大神身光神皇后の二柱の神が地上での婚姻の始めとなり、その交合の地は淡海根という国名が与えられた（現・滋賀県？）……という形で、記紀神話とは異質の壮大な創世神話が展開されている。

神々の系譜が進むにつれ、記紀でおなじみの神名も現れてくるが、その多くは「天皇」の称号が与えられ、その事績はあたかも人間の歴史であるかのように語られていく（ただし、その在位には何万年、何億年ものタイムスパンがある）。

たとえば記紀のアマテラスにあたる天疎日向津比売身光天津日嗣天日天皇は先代の伊邪那岐身光天津日嗣天日天皇の即位六五億年に生まれ、伊邪那岐天皇即位一〇〇億年に譲位を受けた後、在位一七〇億年に退位、さらに一八〇万年後に立山（現・富山県中新川郡の立山連峰）より天日国（天界？）へと昇って行ったとされる。

また、記紀で神武天皇の父として語られるウガヤフキアエズが、『竹内文書』では、武鵜草葺不合身光天津日嗣天日天皇を初代として七三代にも及ぶ襲名になっているのも特徴である。その歴代を総称して不合朝という。

●太古の日本を訪れた多くの聖賢

『竹内文書』によると神武天皇が神倭朝を開くまで太古の歴代天皇（神々）は越中に都していたという。現在の富山県富山市久郷は落ち着いた農村だが、はるかな太古、そこには黄金造りの豪壮な神殿があったという。その神殿を皇祖皇太神宮もしくは天神人祖一神宮という。

竹内文書と記紀における表記の違い

古事記 日本書紀	竹内文書
アマテラス（神）	天疎日向津比売身光天津日嗣天日天皇 天皇の称号 出 生 年：伊邪那岐身光天津日嗣天日天皇 65億年 在 位 年：伊邪那岐身光天津日嗣天日天皇 100億年 在位期間：170億年 ↓ 退位後、180万年後に天日国へ
ウガヤフキアエズ （神） （神武天皇の父）	武鵜草葺不合身光天津日嗣天日天皇 1代の称号ではなく73代が襲名

『竹内文書』の神代文字

太古天皇は皇祖皇太神宮の祭主として、その祭祀を守っていた。重要なのは、かつての皇祖皇太神宮は日本のみならず全世界の中心ともいうべき聖地だったことである。

太古天皇は天空浮船という空飛ぶ乗り物で地球全土を巡行し、民を教化していた。その巡行記事には日本だけでなくアジア諸国やヨーロッパ、両米大陸、オセアニアの国名や地名を見ることができる。

世界各国の文字はいずれもその巡行で広められた日本の神代文字から発祥したものとされ、実際、『竹内文書』にはアルファベットや漢字、中南米の古代文字の原型となったという文字が遺されている。

不合朝第一二代・弥広殿作天皇の御代にキビツネ（現・岡山県広島県の山間部？・）で「ヒラミット」という石造りの建造物が建てられた（現・広島県庄原市の葦嶽山と鬼叫山とされる）。エジプトの大ピラミッドは、この世界最古のピラミッドである「ヒラミット」を模したものだという。

また、古代には皇祖皇太神宮で祭祀を学ぶために来日する者もいた。たとえば不合朝第六九代の神足別豊鋤天皇の御代にはモーゼロミュラスが能登に上陸し宝達山（山頂は現・石川県宝達志水町）を経て皇祖皇太神宮を参拝、天皇に謁見している。

モーゼロミュラスは天皇から授かった十誡を万国の民が等しく奉じるべき教えとしてシナイ山で広めてから日本に再度渡った。その後、日本で結婚した大室姫（羅馬姫と改名）や羅馬姫との間に生まれたニューマボンヒリウスらとともに帰国したという。

モーゼロミュラスが旧約聖書の預言者モーゼであることは言うまでもない。「ロミュラス」というのは紀元前八世紀のイタリア半島で王政ローマを建国したとされる伝説上の人物ロームルス、ニューマボンヒリウスは王政ローマの二代目国王とされるヌマ・ポンピリウスのことだろう（ただしローマの伝承ではロームルスとヌマ・ポンピリウスの間に血縁関係はなかったとされる）。

不合朝第七〇代・神心伝物部建天皇の御代には、天竺（インド）から釈迦若王子が来朝して皇祖皇太神宮で修行した。つまりは仏教の開祖・ブッダである。

垂仁天皇の御代でのキリスト来日は先述の通りである。さらに推古天皇の御代（在位五九三〜六二八年）には、マホメット（イスラムの預言者ムハンマド）も来日したとされている。

だが、日本を中心とした世界文明は幾度となく地球的規模での天変地異に襲われた。たとえば不合朝第一〇代・千足媛天皇の御代には太平洋にあったミヨイ・タミアライという大陸と中米ユカタン半島周辺の陸地、インド南方にあった大きな島がいっせいに沈没している。

ちなみに研究者の間ではミヨイはいわゆるムー大陸、タミアライはアトランチス大陸にあたるという説が有力だが、この二つの大陸を合わせてレムリア大陸にあてる説や氷に覆われる前の南極大陸にあてる説などもある。

太古天皇は天変地異のたびごとに天空浮舟で巡行しつつ、各地の復興を指導していた。

ところがウガヤフキアエズ朝末期の天災では、太古天皇のお膝元の日本列島内でそれに乗じての反乱が生じたため、鎮圧のために天皇は越中を離れ、大和に都を遷さなければならなくなった。こうして建てられたのが狭野尊（神武天皇）を初代とする神倭朝である。

神倭朝では国内の復興に外国人を迎え入れて、その力を借りようとした。しかし、渡来人勢力は次第に、自分たちがかつて日本の天皇に統治されていたという歴史の真実を隠滅したいと考えるようになっていった。

神倭朝第二五代・武烈天皇は歴史を守るため、臣下で武内宿祢の後裔である平群真鳥に宮中の記録を含む御神宝を託し、表向きは誅殺したということにして越中の皇祖皇太神宮に逃がした。以来、真鳥の子孫は竹内家と名乗って皇祖皇太神宮の祭祀を守り続けたという。竹内巨麿はその御神宝を竹内家の養父から受け継いだというわけである。

ちなみに武烈天皇は『日本書紀』の皇統譜では神武から数えて第二五代だが『竹内文書』の皇統譜では神功皇后を神倭朝第一五代に数えるので、武烈は第二六代となる。

平群真鳥が皇室への反逆を図ったとして死に追いやられたことは記紀ともに記しているが『古事記』ではその事件を雄略天皇、『日本書紀』では武烈天皇の御代のこととする。

『竹内文書』は真鳥の反乱もそれによる死も、武烈と真鳥が示し合わせての偽装だったとしているわけである。

『竹内文書』で語られる数百億年という歴史は、現代の宇宙論と照らし合わせると宇宙誕生（ビッグバン理論によれば約一三八億年前）より以前のことまで含まれていることになる。そのタイムスパンはとても日本だ、世界だという視野に収まりきるものではない。

かつて『竹内文書』研究者の間からは、その年代記には人類が地球に移住する以前の別の世界からの歴史が語られているのではないかという説が出されたことがあるが、いまや『竹内文書』の年代観を認めるためには、この宇宙が始まる以前の別の宇宙まで想定した方がよさそうである。

●なぜ『竹内文書』を信奉する天津教は二度も弾圧されたか

巨麿は庭田権大納言従一位伯爵源重胤卿（一八二一〜一八七三年）の落胤を自称していた。実母は伊勢神宮祭主の娘だったが妊娠を機に越中富山の親族に預けられ、そこで暴漢に襲われて自害した。

その出産を隠すため、生まれたばかりの男子は久郷の竹内家に預けられ、岩次郎と名付けられた。長じて後、岩次郎は竹内家の宝物と実母の形見を引き継ぎ、実母の仇を討つために全国を旅しつつ武術と神道を研鑽（けんさん）した。

実母の仇がすでに他界していたことを知った岩次郎は、茨城県多賀郡磯原（いそはら）（現・茨城県北茨城市磯原町）に居を構え、名を巨麿と改めて明治四三年（一九一〇）に新興宗教・天津教（あまつきょう）を開いたという。

明治末期としてもいささか時代錯誤（さくご）な物語である（敵討禁止令が出されたのは明治六年〈一八七三〉）。開教当時の天津教は巨麿の神通力を看板としていたが、やがて竹内家は南朝忠臣だったとして、南朝関係の宝物を布教の目玉にするようになっていく。

昭和初期になると巨麿は古文書や歴史的宝物の所持者として名士たちの間で有名になっていた。昭和四年（一九二九）、天津教本部をある人物が訪ねてきた。キリスト教伝道者でユダヤ陰謀論者としても知られる酒井勝軍（かつとき）（一八七四〜一九四〇年）である。

酒井は、ユダヤ陰謀論を奉じながら一方で、ユダヤ人が求める救世主は日本の天皇であるという信念を持っていた。

そこで、ユダヤ人が求める秘宝・モーゼの十誡石も日本にあるはずと考え、竹内家の神宝にそれがないかを確かめにきたのである。

酒井の訪問後、巨麿は神宝から出てきたとして神代文字が刻まれた石を酒井に示し、酒井はそれがモーゼの十誡石であることを認めた。

さらに昭和九年（一九三四）、酒井は広島県で世界最古のピラミッドを発見し、その証拠となる資料を巨麿から提供されることになる。

これ以降、天津教からは太古日本が世界の中心だったことを示す文書や宝物がぞくぞく出てくるようになった。天津教も明治に突然現れた教団ではなく神代以来、越中久郷にあった皇祖皇太神宮を巨麿が常陸に遷したものということになった。

また、巨麿が実母の形見として受け取った品に天国（あまくに）（奈良時代もしくは平安時代の伝説的刀工）の銘刀があった。

この銘が『竹内文書』研究者の間でキリスト教の「天国（てんごく）」と混同され、刀工天国すなわちキリストという解釈が生じたことも海外の聖賢と神宝を結びつける媒介となった。

鳥谷幡山も天津教に出入りしていた名士の一人で、酒井のように自分も、太古の遺跡を発見したいという願いを抱いていたのが、キリストの墓発見の快挙につながった。

また、大正時代に婦人参政権獲得運動を行なっていた活動家の山根キク（一八九三〜一九六五年）は『竹内文書』の記載を手掛かりに青森県のキリストの墓だけでなく石川県能登のモーゼの墓、神奈川県伊勢原市のヨセフ（古代エジプトの宰相）の墓、長野県松代町（現・長野市）の釈迦の墓などを探索して昭和一二年（一九三七）に『光りは東方より』という紀行を発表した。

ちなみに山根は後に釈迦の墓についてその所在を青森県の梵珠山に修正した。山根が見いだしたモーゼの墓周辺は現在、「伝説の森モーゼパーク」として整備され宝達志水町の観光資源となっている。

だが、天津教に多くの名士が集まることは当局に目をつけられる原因ともなった。その名士たちの中には軍人や右翼活動家も多かったため、『竹内文書』の極端な天皇主義がクーデターに利用されることを警戒されたのである。

また、『竹内文書』の年代記は記紀の、御神宝は皇室の権威の象徴である神器のそれぞれパロディとみなしうる存在だったため、その祭祀が皇室の尊厳に抵触する恐れもあった。

かくして天津教は昭和五年（一九三〇）には詐欺罪容疑、昭和一一年（一九三六）には不敬罪容疑と二度にわたる弾圧を被ることになった。

なお、第二次弾圧と同時期、京都帝国大学文科大学学長の狩野亨吉(かのうこうきち)(一八六五〜一九四二年)の論文「天津教古文書の批判」(『思想』一九三六年六月号)が発表されている。

この論文は『竹内文書』が現代人(当時)の偽作であることを明確に証明するもので、それにより『竹内文書』の学問上の評価は定まったといってよい。

しかし『竹内文書』の人気は戦後になっても根強く続いている。たとえば、昭和五九年(一九八四)から昭和六〇年(一九八五)にかけて『サンデー毎日』が『竹内文書』を根拠の一つとして「日本にピラミッドがあった⁉」特集を展開したことがある。

また、一九九〇年代に一連のテロ事件を起こしたカルト・オウム真理教は初期の頃から『竹内文書』を教義に取り込むことで多くの信者を集めていた。他にも真光系教団など『竹内文書』を教義に取り入れている教団は数多い。それらも『竹内文書』の魅力を示す実例といえよう。

ちなみに『竹内文書』においてはキリストの遺言状や「世界再統一の御神勅」(不合朝五九代天皇とその皇后にアマテラスとスサノオが神憑(かみがか)りしてもたらしたという預言)など、後の世に天皇と皇祖皇太神宮の神主とによって分裂した諸国が再統一されるという内容の預言的文書がいくつも含まれている。巨麿が、その世界再統一を実現する神主に自らをあてていたのは間違いない。

この預言的要素も『竹内文書』が多くの教団に利用される一因となったのかも知れない。

●二人のスサノオが登場する理由とは？

さて、天疎日向津比売身光天津日嗣天日天皇には月向津彦月弓命・またの名須佐之男命という弟がいたという。皇祖皇太神宮がいったん天変地異で壊滅した際、天皇は飛騨の位山に避難した。

そして皇祖皇太神宮再建後に天皇自ら祭主となり「須佐之男月弓命」を副祭主として再勧請の儀式を行なった。この祭祀のため、天皇が船で下ったことから、その川の名が神通川と名付けられたという。

須佐之男月弓命は記紀神話でのスサノオとツキヨミを混同したものとも考えられる。ところが『竹内文書』には「速進男尊」「進男檀君尊」という神についての記述も見られる。

速進男尊が荒れ狂ったために姉天皇（アマテラス）は天に昇り日球国（太陽？）

の岩屋に隠れてしまった。父イザナギは弟の所業を怒って異国に流した。速進男尊が天降った国は檀君国と名付けられた（「檀君」は朝鮮神話における国祖神）。

速進男尊はボハラという国（現・ウズベキスタン・ブハラ州？）の王女の娘と結婚して多くの子どもをもうけ、その子の一人はアフトキスタン（アフガニスタン？）の国祖となった。

やがて速進男尊は、大陸での領土（中央アジア、中国大陸および朝鮮半島）を現地で得た子どもたちに任せ、帰国して山田川（富山市を流れる神通川支流）に拠る越の山田賊を退治して再婚した。

速進男尊はすでに岩屋から出ていた天皇と和解し、再婚して生まれた子どもを、天皇の養子とする約束をとりつけた。

ところがアマテラスから皇位を継いだ「天忍穂耳命（あめのおしほみみのみこと）」について『竹内文書』の系譜は速進男尊ではなく「須佐之男月弓命」の子だとしている。

ここでようやく、須佐之男月弓命と速進男尊は同一人物（神格）であることが暗示されるわけだが、そうだとすると、なぜそれまで名前を書き分けていたのか、その理由は判然としない。

須佐之男月弓命と速進男尊の違い、それは前者が天皇の祭祀で副祭主を務め、我が子を皇位につかせるなど王権に対して随順なのに対し、後者は反乱を起こしたり国外で活躍したりするなど日本の王権の束縛から逃れようとする傾向があることだろう。

翻って考えれば、記紀神話におけるスサノオも王権との関係について対立する面と守護する面とを共有する神格であった。

『竹内文書』では記紀神話のスサノオにあたる神について、矛盾する要素を異なる表記で表したものと思われる。

さらに言えば、記紀が複数の神格をまとめてスサノオという形にしたものを『竹内文書』が解体し、その本来の姿を暗示してしまったとみなすこともできるだろう。

記紀のパロディであるからこそ、記紀に内在していた矛盾を映し出す鏡ともなりうる。『竹内文書』における二人のスサノオは、いわゆる「古史古伝」がはらむ可能性を示す端的な例である。

現在比較的入手しやすい『竹内文書』の代表的テキストとしては『神代の万国史』（宗教法人皇祖皇太神宮）と『定本竹内文献』（八幡書店）がある。

富士宮下文書

古代日本の中心は富士山だった！
秦から来た徐福が書いた歴史書と
大噴火で失われた幻の都の謎。

●ベストセラーとなった『神皇紀』

明治二五年（一八九二）、山梨県南都留郡谷村村（現・都留市）に一人の男が公証人役場を開いた。男の名は三輪義熙（一八六七～一九三三年）という。三輪は、三輪家に養子に入る前は南朝忠臣の子孫を称する神官の家柄だったこともあり、甲州には後醍醐天皇の皇子で非業の最期を遂げた大塔宮護良親王（一三〇八～一三三五年）の御首級があるとの風説を聞いてその真偽を確かめようとした。

三輪がたどりついたのは南都留郡大明見（現・富士吉田市明見）にある小室浅間神社というこぢんまりとした社だった。

その社家である宮下家には護良親王の御首級の行方も含め南朝関係の貴重な記録が伝わっているというのである。この三輪と宮下家との出会いこそ、いわゆる『富士宮下文書』が世に出るきっかけであった。

三輪はその記録に基づき、当時公式には在位認定されていない南朝第三代長慶（ちょうけい）天皇（一三四三〜一三九四？年）の墓を探し求めた。

明治四一年（一九〇八）、三輪は自ら発見した長慶天皇墓所の所在について明治天皇に上奏（じょうそう）した（宮内省が却下）。

三輪は、宮下家の古記録・古文書を精査するうちに、南北朝時代どころか神代まで遡（さかのぼ）るような記録が含まれていることを知り、それが日本史全体を書き換えるような可能性を秘めていることに気付いた。

三輪は明治末期から『富士宮下文書』を世に認めさせるための運動を始めた。それに呼応する形で現れた人物が神原（かんばら）信一郎（一八八二〜一九四五年）である。神原は東京電灯会社で富士山麓の治水管理に関わった技術者・地質学者で、建築ファンの間では猿橋（さるはし）水路橋（山梨県大月市猿橋）の設計者として有名である。

その神原が大正六年（一九一七）に『富士宮下文書』の富士山噴火記録・古代地形地図を検証し、その正確さに

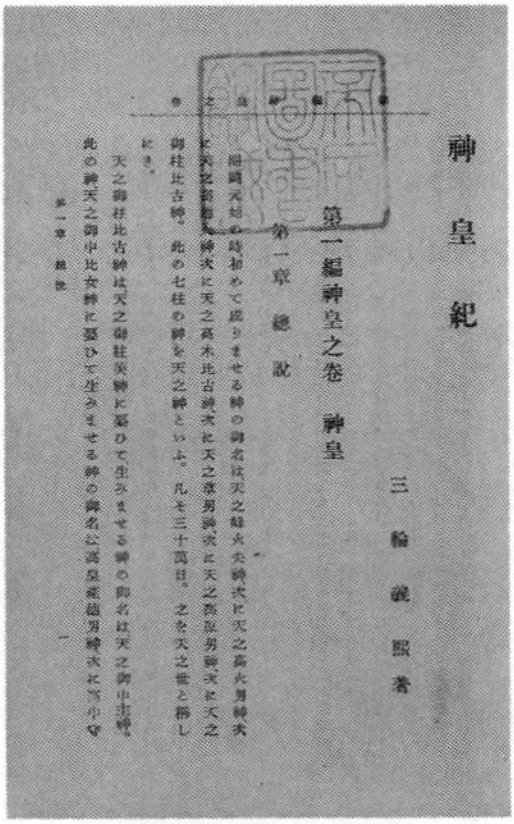

神皇紀

三輪義熙著

第一編神皇之巻　神皇

第一章　総説

『富士宮下文書』の要約本として出版された『神皇紀』

太鼓判を押したのである。

大正一〇年（一九二一）、三輪は『富士宮下文書』を神代史中心にダイジェストした書籍『神皇紀（じんのうき）』を著した。

この書籍はたちまちベストセラーとなり、東京日日新聞・時事新報・大阪毎日新聞（現・毎日新聞）、万朝報、国民新聞・都新聞（現・東京新聞）、読売新聞、中央新聞（立憲政友会機関紙）、東京朝日新聞・大阪朝日新聞（現・朝日新聞）、報知新聞、東京毎夕新聞、新愛知新聞（現・中日新聞）、山梨日日新聞、山梨民友新聞、『日本及日本人』『大日本』『日本魂』『大観』『国本』『解放』『彗星』などの新聞雑誌から好意的な書評を寄せられた。

翌大正一一年（一九二二）には三輪を理事長とし、宮下家当主・源兵衛と神原を理事とする財団法人富士文庫が設立されている。

その参加者は次の通りである。

顧問／大島健一（陸軍中将　後に陸軍大臣）、河島譲一郎（法学博士）、筧克彦（かけい）（法学博士・憲法学の権威）、小藤文次郎（理学博士・日本地学の父）、齋藤實（まこと）（海軍大将子爵・元朝鮮総督・後に内閣総理大臣）、高山公通（きみみち）（陸軍中将・元関東都督府参謀長・独立守備隊司令官）、富谷鉎太郎（しょうたろう）（法学博士・明治大学総長・勅選貴族院議員）、野村素介（もとすけ）（男爵・

維新の功労者）、古市公威（工学博士・男爵・日本近代工学の父）、松村任三（理学博士・東京帝国大学教授・小石川植物園初代園長）他

評議員／内藤多仲（工学博士・耐震構造の父）、平林武（工学博士・鉱床学の大家）、前田實（医学博士）、山崎鶴之助（海軍機関少将）他

なんとも錚々たる顔ぶれだが、『富士宮下文書』は、今もなお名士たちをひきつける要素を秘めたテキストのようである。

たとえば、昭和五七年（一九八二）の『神皇紀』復刻では、名目上の版元「日本国書刊行会」会長に中山正暉（後に郵政大臣・建設大臣等）が就任し、さらにその推薦文を中山と斉藤滋与史（当時・建設大臣）が寄稿している。

平成二三年（二〇一一）、『現代語訳　神皇紀』が神奈川徐福研究会神皇紀刊行部会より発行されたが、その序文を寄せたのは元総理大臣で当時衆議院議員だった羽田孜であった。

平成二九年（二〇一七）一〇月、『富士宮下文書』を経典とする教団の代表が実行委員長となり、熊本県で「みんなのＦＵＪＩＳＡＮ地球フェスタ〝ＷＡ〟２０１７」が開催されたが、そのイベントは安倍昭恵首相夫人を名誉顧問として石破茂・谷垣禎一ら国会議員約七〇名（自民党、公明党、維新、民進党にまたがる超党派）を顧問

に迎え、さらに内閣府・経済産業省・厚生労働省・農林水産省・文部科学省・観光庁・総務省・外務省・環境省・防衛省・消防庁および九州・関東・東海各地の自治体から後援を得ていた（現在公開されている役員名簿では安倍昭恵夫人の名は削除）。

では、その名士たちがむらがるテキストには、いったいどのような内容が記されているのだろうか。

●日本の神は、大陸からやってきた？

天地開闢の時に現れた神々は火山から得た火と海の砂から得た塩で食べ物を調理することと、獣の皮や鳥の羽、木の葉などで衣服をつくること、土に穴を掘って住居にすることなどを知って次第に文明を築き始めた。天之世七代三〇万日、天之御中世一五代六七万五〇〇〇日を経て、天之御中世最後の神にあたる高皇産霊神は自分の子どもたちに、東の海上にある蓬萊山にわたって新たな国を興すよう命じた。この蓬萊山こそ富士山である。

つまり天之世、天之御中世は、神々がまだ日本列島以外の地、おそらくはアジア大陸にいた時代の話だということになる。

また、高皇産霊神について、天之神農氏神という別名を伝え、草木を舐めて万病のための薬種を定めたとしているが、これは中国神話で医療の祖とされる太古の帝王・神農(しんのう)氏の事績と共通している。

つまり『富士宮下文書』では記紀神話で皇室の祖神の一柱とされるタカミムスビと中国神話の神農氏が同一視されているわけである。

高皇産霊神の第五皇子・国常立尊(くにのとこたちのみこと)と第七皇子・国狭槌尊(くにのさつちのみこと)は蓬萊山に至り、その中央の山を高砂の不二山(富士山)、周囲の大原野を高天原(たかまがはら)と名付けた。兄神は越地の敵を討つために丹波の桑田宮(現・京都府亀岡市の桑田(くわだ)神社もしくは同じ市にある出雲大神宮)に遷ってそこで崩じ、弟神は高天原の開墾(かいこん)を行なった。彼らの治世から七代、一八万五〇〇〇日を高天原世という。

高天原世第七代伊弉諾尊(いざなぎのみこと)の皇女・天照大御神(あまてらすおおみかみ)は父の皇位を受け継いだ(豊阿始(とよあし)原世(はらのよ)初代)。天照大御神が建てた神殿を高天原宗廟天社大宮阿祖山太神宮という。弟の月夜見命(つきよみ)と栄日子命(えびす)もそれぞれの宮を建てて姉の治世を助けた。

高皇産霊神の曽孫・多加王(たかおう)が大陸から渡ってきて高天原を一時占拠するという動乱もあったが、大己貴命(おおなむちのみこと)と手力男命(たぢからおのみこと)の活躍で事なきを得た。

この時、高天原の神々が戦勝を記念してつくった宝物が、後に皇位継承の証とされる三種の神器である。改心した多加王は祖佐男命の名を授けられ、出雲に追放された荒ぶる神々を監督するよう定められた。

豊阿始原世第三代の天日子火瓊々杵尊の世に西の大陸から大軍が攻め寄せてきた。瓊々杵尊は主に筑紫、神后は南島（四国?）で戦った。その際、神后の軍を直接率いたのは作田毘古命（記紀のサルタヒコ）だった。

神皇・神后は多くの将兵を失いながらも敵を退けたが、瓊々杵尊は神后が妊娠していることに気付き、本当に自分の子かといぶかしんだ。神后は疑われたことを恨み、三皇子を産んだ後に富士の火口に身を投じて死んでしまった。残された皇子たちは作田毘古命により猿の乳で育てられた。その皇子の一人が後に皇位を継ぎ豊阿始原世第四代・日子火火出見尊となる。

神后は木花咲夜毘女尊と諡された（コノハナサクヤヒメは記紀神話のニニギの妻であるとともに浅間神社の祭神ともされる）。

大陸からの敵の侵攻はその後も続き、神々は迅速な対応を迫られるようになった。そこで豊阿始原世第五代・日子波瀲武鵜茅葺不合尊の御世に、都を筑紫の霧島山（宮崎県と鹿児島県の県境の連山）に遷すことになった。以来、富士の旧都を天都、筑紫の新都を神都という。

それはまた五代、一七万八〇〇〇余日続いた豊阿始原世の終焉でもあった。

●歴史から消されてしまった富士の天都

日子波瀲武鸕茅葺不合尊を初代として、九州の神都に発祥した新たな王朝を宇家潤不二合須世という。この名には富士の天都と神都とを合わせるという意義が秘められていると解釈できる。

宇家潤不二合須世の神皇初代は阿蘇山に陸軍大本営、宇佐（現・大分県宇佐市）に海軍大本営を置き、それぞれに陸守総元帥と海防総元帥を任じた。また、日本列島各地の守護司頭長を定め、国防体制を整えた。

また、天都をないがしろにしないために、神皇の即位は必ず富士の阿祖山太神宮で行なうという制度も創設した。

だが、神皇第三代の阿蘇豊王尊の世には、早くも富士高天原復興を唱える反乱が起き、ついに家基津に立てこもる賊軍を皆殺しにするという惨事が生じている。

宇家潤不二合須世は五一代（神后摂政の二四代を合わせると七五代）、二七四一年続いた（暦法が整えられたため治世期間の単位が日から年に改められた）。

その期間の多くを占めるのは西の大陸からの侵攻の迎撃と、天都の動向への警戒である。特にその最後の一七年間は日本全土を揺るがす大乱の鎮圧のために費やされた。それを称して闇黒の世という。

そのきっかけとなったのは全国各地でいっせいに起きた大地震と暴風雨、それに伴う作物の不作だった。

神皇第五一代・弥真都男王尊（やまとお）は国中を巡行して、豪農から食料を供出させ、その復興に務めた。

しかし、その復興策に対して不満を抱いた皇族や豪農たちは白木国（新羅）（しらぎ）の軍帥（ぐんすい）を大勢招いて軍議を重ねた。そして中国・近畿地方で大規模な反乱を起こしたというわけである。その対応には九州の神都の軍勢だけでなく、富士の天都に集められた東国の軍勢も動員された。激しい戦乱の中で弥真都男王尊は陣中で病没、三人の皇子も戦死を遂げた。

その反乱を鎮圧し終えた後の紀元前六六〇年二月一一日、弥真都王尊の第四皇子が大和で即位した。すなわち人皇初代・神武天皇である。

神武の即位では阿祖山太神宮にある三品の大御宝（三種の神器）をいったん大和に運ばせ、即位式の後に富士に返した。こうして富士の天都以外でも即位式が行なえるという前例ができたわけである。

神武は反乱鎮圧の功労賞を与える過程で日本諸国の国造（くにのみやつこ）も定めていった。しかし、その後の歴代天皇も反乱軍の残党に悩まされ続けることになる。

第七代・孝霊天皇の即位七四年（紀元前二一七）、秦の徐福が富士高天原にいたった。徐福は阿祖山太神宮にあった神代文字の記録を秦字（漢字）に書き改める作業を行なった。これが『富士宮下文書』における神代史関連文書の底本となったという。

第一〇代・崇神天皇の即位五年（紀元前九三）、三品の大御宝を富士から大和に遷し、阿祖山太神宮には新たにつくったレプリカを置くことにした。こうして皇室は富士からの介入なしで即位を行なえるようになった。

第一五代・応神天皇即位五年（二七四）、大山守皇子を阿祖山太神宮の大宮司、隼総別皇子を中宮司に任じて富士に派遣した。

ところが大山守皇子は、富士高天原復興を目指す勢力により反乱軍の総大将に祭り上げられてしまった。大山守皇子が乱戦の中で死を装ったため、第一六代・仁徳天皇と富士高天原側は和睦した。後に小室浅間神社の宮司家となる宮下家は潜伏した大山守皇子の子孫である。隼総別皇子も潜伏して阿祖山太神宮分社の宮司家の祖先となった（記紀ではオオヤマモリ、ハヤブサワケとも皇位をうかがって反乱を起こし、仁徳によって死に追いやられたとされている）。

大山守皇子は父の応神天皇と祖母の神功皇后を祭って高御久良神社と名付けたが、これが後の福地八幡宮（現・山梨県富士吉田市下吉田）の由来である。

第三二代・崇峻天皇の御代、厩戸皇子（聖徳太子）が勅使として阿祖山太神宮を訪れ、阿祖山太神宮を構成する七廟を高御久良神社と合祀した。

第三八代・天智天皇称制四年（六六五）、中臣藤原物部麿という人物がすでに腐朽していた徐福の記録を書写して副本とした。

だが、延暦一九年（八〇〇）に起きた延暦の大噴火と貞観六年（八六四）に起きた貞観の大噴火で富士山周辺は地形まで変わるほどの災厄をこうむった。

阿祖山太神宮ゆかりの神社仏閣も焼失し、多くの宝物や文書が失われた。富士高天原のかつての栄光を示す物証はその際に失われたのである。

その後、宮下家では残った文書を天災や戦乱から守り続け、現代にいたっているという。

昭和六三年（一九八八）、宮下家に現存するいわゆる「古文書」のすべてを影印版にした『神伝富士古文献』が八幡書店より刊行された。『富士宮下文書』は、いわゆる古史古伝での中で唯一、活字化前の底本の状況が公表されたテキストである。

●国譲り神話の舞台は出雲ではなく富士だった？

『富士宮下文書』の記述によれば、伊勢・浅間・八幡・賀茂・出雲・稲荷・三輪・

鹿島・春日・天満宮・白山・恵比寿・愛宕など、日本の主だった神社の発祥はみな阿祖山太神宮にあったことになる。それらの神社の祭神がみな富士高天原ゆかりの神として登場しているからである。

『神皇紀』において不思議なのは、記紀では国つ神とされているオオナムチ（大国主）やサルタヒコが、高天原の忠臣とされていることである。

これでは記紀で、天孫降臨に際して高天原が国つ神に国を譲らせたという国譲り神話とは一見矛盾している。

そこで一九八〇年代初頭までは『富士宮下文書』には国譲り神話はないというのが通説だった。それは研究者の多くが『神皇紀』に依拠して論を進めていたからである。

ところが影印版で『富士宮下文書』の全貌が公開されたことで見方が変わった。それは三輪が『神皇紀』編著にあたって採用しなかった文書に国譲りに関するものがあったことが判明したからである。

「日向高千峯不二山勘録状」と題された文書によると、アマテラス以降、富士高天原の首長は女性がついていた。

オオナムチ、コトシロヌシ、スクナヒコナら群臣はコノハナサクヤヒメを推挙して女帝にしようとしていた。

ところが九州の王ニニギが兵を興して富士に乗り込み、高天原の皇位を奪おうとした。そこで群臣たちはコノハナサクヤヒメを皇后にすることを条件にニニギの即位を許したのだという。

つまり記紀にいう国譲りは出雲ではなく富士で起こった事件で、出雲神話の神々とされるオオナムチらや、天孫降臨神話でニニギの降臨を遮ったとされるサルタヒコが富士高天原にいてもおかしくはなかった、というわけである。

面白いのは『富士宮下文書』のコノハナサクヤヒメ神話が古代インド叙事詩『ラーマーヤナ』とよく似ていることだ。

『ラーマーヤナ』はヒンドゥ教の聖典ともなっている長大な叙事詩で、三世紀頃には成立したとされる。

メインとなっているのは、ラーマ王が魔王ラーヴァナにさらわれた后シータを救い出そうとする物語である。

ラーマは猿の英雄ハヌマンの助けを借りてラーヴァナの本拠、南海のランカーという島に乗り込んでいく。ラーマは魔王を倒し、シータを助け出すことができた。

ところがラーマは、魔王に捕らえられている間のシータの貞節(ていせつ)を疑って王宮を追放した。シータは二人の王子を産んだ後、自分が貞節であるなら大地に受け入れられるであろうとの誓言を告げた。大地は割れてシータを呑み込み、后を失ったラーマは悲しみのうちに王宮に籠る。

一方、『神皇紀』ではコノハナサクヤヒメはサルタヒコと共に南海で敵と戦い、夫と再会するが、貞節を疑われたため、出産の後、火口に身を投じる（つまり大地に呑み込まれる）。サルタヒコは『ラーマーヤナ』のハヌマンに対応していることになる。

『古事記』のコノハナサクヤヒメ神話に『ラーマーヤナ』が影響している可能性については山下太郎がすでに指摘しているが（山下太郎「古事記とラーマーヤナ　日本神話とインド古代叙事詩との比較研究」『比較思想研究』4、昭和五二年）、『富士宮下文書』の方が『古事記』よりもさらに『ラーマーヤナ』に近いというのは興味深いところである。

なお、余談だが『富士宮下文書』の伝承地に近い山梨県大月市の猿橋について、志羅呼（しらこ）という百済（くだら）人が、猿が谷を渡るために助け合うさまを見て設計・建設したという伝説がある。

これは『ラーマーヤナ』において、ラーマの軍勢がランカー島に渡るため、ハヌマン率いる猿軍が橋を築いたというくだりがあるのを連想させる。

●壮大な世界観が偽作された意外な理由

ところで先に要約した『神皇紀』の神武天皇即位の記事で、その日付が二月一一日となっていることについて疑問を抱かれた読者もおられるのではないだろうか。実は建国記念の日（かつての紀元節）が二月一一日というのは『日本書紀』が神武即位の日とする神武元年元日を、日本では明治五年（一八七二）一一月に採用したグレゴリオ暦で遡って算定した上で明治六年（一八七三）に祝日としたものである。神武即位二月一一日という記述は『神皇紀』だけではなく『富士宮下文書』の底本にもあるので三輪の加筆という言い訳も成り立たない。

富士山の祭神がコノハナサクヤヒメとして定着するのは、文献上は江戸時代に入ってからのことである（竹谷靱負（たけやゆきえ）『富士山の祭神論』岩田書店・二〇〇六年）。『神皇紀』が好評を以て迎えられたのは神々の事績（じせき）が神秘的にではなく現実的・人間的に見えるためだったが、言い換えるとそれは近代的ということでもある。

歴史学者からすると『富士宮下文書』の偽作性は当初から明らかで、それは富士文庫に集った名士たちの中に歴史学者がいないことからもうかがえる。

『富士宮下文書』を科学的に考証したという神原信一郎にしても、昭和一三年（一九三八）に行なった講演で、そこに多くの偽書が含まれていることを認めている。神原が宮下源兵衛に著書を贈ったところ、後から出てきた文書に自分の説が反映されているのに気づいた時には呆れてしまったという（神原信一郎「富士古文書の自然科学的研究」『神日本』一九三八年一二月号）。

そして、神原が『富士宮下文書』で、それだけは正しいとしていた古代地理の記録についても、その後に地質学の進歩ですでに否定されてしまっている（小山真人「富士山延暦噴火の謎と『宮下文書』」『別冊歴史読本・徹底検証古史古伝と偽書の謎』二〇〇四年三月）。

実際、影印版で見ても『富士宮下文書』の古代史関係の記述には、いったん書き上げてからの加筆や書き直しによる修正の後が顕著であり、現存テキストが、すでにある文書を筆写したというのとは異なる状況で成立したことがうかがえる。

『富士宮下文書』偽作の動機について、藤原明は入会権（村落などが村人の共同利用のために土地を総有する権利）もしくは水利権の確保のためと推測している（藤原明「物語的偽書『富士文献』の重層構造」『別冊歴史読本「古史古伝」論争』一九九三年、同「近代の偽書――〝超古代史〟から『近代偽撰国史』へ」、久野俊彦・時枝務編『偽文書学入門』柏書房・二〇〇四年)。

壮大な阿祖山太神宮の存在を想定することは、小室浅間神社や福地八幡宮など阿祖山太神宮ゆかりとされる神社について、現実よりもその由来を古く、その神域を広く想定するということである。それに伴い神社の周辺の村落の歴史や領域も変わってくることになる。

『富士宮下文書』の偽作者は、その地方史改変によって自分たちの住む地域の入会権もしくは水利権の拡大を図ったというわけである。

しかし、そうした実利的な目的で始まった偽作が、かくも壮大な世界観を築くにいたったとすれば、それはそれで人間の想像力の強さというものを思い知らせてくれる資料だといえよう。

ところで名士を集め順調に始まったかに見えた富士文庫だが、関東大震災(大正一二年)のために停滞し、大正一五年(一九二六)に出された論集『富士文庫・第一巻』が唯一の活動となった。三輪は『富士宮下文書』普及事業のために借金を負い、貧窮(ひんきゅう)の内に世を去った。

『神皇紀』は現在、国立国会図書館デジタルコレクションに入っており、ウェブ上で無料閲覧できる。

さて、三輪と『富士宮下文書』の縁を結んだ護良親王の御首級についてだが、山梨県都留市朝日馬場の石船神社には実際にそうしたいわれのある人間の頭蓋骨が御神体として祭られている。

現在の社伝ではこの頭蓋骨は護良親王の妃・雛鶴姫が鎌倉で処刑された親王の御首級を運び出し、小室浅間神社にいったん納められた後に石船神社の地まで運ばれたというのだが、実はこの話は『富士宮下文書』に拠っているため、実際の由来は不明というべきだろう。

その頭蓋骨は、まず漆で固め、粘土で復顔して金箔を貼るという丁寧な装飾がなされており、大切に守られたものであったことがうかがえる。

私の記憶では、この頭蓋骨はテレビ番組『特ダネ登場!?』（日本テレビ系、一九七〇～一九七九年）という番組で取り上げられたことがある。

その際の解説では、甲州郡内地方（現・山梨県の北都留郡・南都留郡・富士吉田市・都留市・上野原市にまたがる地域）は江戸時代に一揆がさかんだった土地柄であり、この頭蓋骨は一揆の首謀者として処刑された義民の首級を密かに祭ったものではないか、と推測されていた。

九鬼文書（くかみもんじょ）

出雲のスサノオが皇室の正統で、日本の神々は
インドやエジプトにも降り立っていた！
摩訶不思議な書を成立させた複雑な因縁とは？

●戦時中、なぜ『九鬼文書』は不敬とされたのか

昭和一八年（一九四三）七月二六日、都内である座談会が行なわれた。出席者は國學院大学教授・島田春雄、元大政翼賛会（たいせいよくさんかい）東亜局長・藤澤親雄（ちかお）、神代文化研究所理事・小寺小次郎、そして朝鮮半島と日本本土を往復していたフィクサー・三浦一郎（一九〇四〜一九七五年）の四人である。

当初は記紀に基づく国体明徴（こくたいめいちょう）（皇室の絶対性の尊重）を求める島田と、『竹内文書』などの太古史文献支持から「転向」したばかりの藤澤とによる太古史批判から始まったこの座談会は、終盤に入って三浦のつるし上げの様相を呈していった。

この座談会に先立つ昭和一六年（一九四一）一一月、三浦は九鬼隆治子爵（くき）（一八八六〜一九八〇年）からの依頼で九鬼家に伝わったとされる古記録を整理、『九鬼文書の研究』という非売品の和綴（わとじ）本にまとめた。島田はその内容が不敬（ふけい）にあたるとし

て三浦の責任を追及したのである。

ちなみに三浦は『九鬼文書の研究』が出版前からすでに当局に目をつけられていることを知り合いの特高(とっこう)警察刑事より知らされていた。そこで出版後も秘密が漏れないように配付先には気を配っており、結局流布(るふ)したのはごく少部数だった。しかし、そこまで気を遣っても島田のような批判者の目に触れることは防ぎきれなかったのである。

島田が特に重視したのは『九鬼文書の研究』所載の皇統譜では皇室の祖先がスサノオとされていることだった。

島田は三浦がその皇統譜を信じているわけではないという言質(げんち)を得るや「信じないで、なぜあんなものを出したのか」と詰問(きつもん)し「御正系を冒瀆(ぼうとく)したら、三浦一郎は何回腹を切っても足りませんぞ」「日本の不忠の臣として道鏡(どうきょう)、高氏(たかうじ)（「高氏」は足利尊氏の旧名）と一列に並べられた時にいい気持ちがなさいますか」と責め立てた。

藤澤と小寺は三浦を弁護しようとしたが、藤澤はその著書で『九鬼文書』を引いたことを島田に指摘されて沈黙し、小寺は「三浦さんは九鬼子爵とは断然交わりを絶っているのですよ」として暗に島田の弾劾(だんがい)が正当なことを認める始末。

座談会の終わり近くでは他の三人が落ち込む中で島田一人が「愉快、愉快」と上機嫌にうそぶいていた。この座談会の内容は『公論』昭和一八年（一九四三）九月号において「偽史を攘ふ――太古文献論争――」という表題で掲載された。

三浦と『九鬼文書の研究』への受難はこれだけに収まらなかった。昭和一九年（一九四四）五月、三浦は警視庁に検挙され特高警察からの取り調べを受けたのである。三浦は同年八月八日にいったん釈放されたが、今度は兵庫県警に逮捕され、やはり特高から二か月間の取り調べを受けた。

その際、三浦が保管していた『九鬼文書の研究』の大部分は警察に押収された上焼き捨てられてしまったのである。

戦時下の体制から忌避された『九鬼文書』、その内容はいかなるものだったのだろうか。

●スサノオの出雲朝こそ日本の正統だった？

『九鬼文書の研究』で九鬼家伝来の文書として取り上げられたのは「神史略」「神代系譜」「天地言文」の三部と、複数の神代文字の五十音図である。

これらはいずれも大中臣家の秘伝としてアメノコヤネ（中臣氏・藤原氏の祖神）の末裔である九鬼家に残されたものだという。

「神史略」の系譜によると、天地初発で事物のまだ定まらない時、漂(ただよ)っていた気が凝縮(ぎょうしゅく)して最初に現れた神を「母止津和太良世乃大神(もとつわたらせのおおかみ)」もしくは「太元輝道神祖(もとつわたらせ)」という。

太元輝道神祖の活動から生まれた神の名は天津身光大神(あまつみひかりおおかみ)、天津身光大神の世に光と熱が凝り固まって現れた神を天照日大神または天津日見光大神(あまつひみひかりおおかみ)といい、続いて現れた光の神を天津月見光大神ならびに天津日月豊宇氣生大神(あまつひつきとようけのおおかみ)という。これにより日月星がそろって八百万(やおよろず)の神が生まれる基盤がなされた。

そのように神々が次々と生まれ、ついに人体を持った最初の天皇である天御中主天日嗣身光天皇(あめのみなかぬしあまつひつぎみひかりすめらみこと)が登場して世界に秩序ができた。ここまでの間に流れた時は五万年あまりだったという（宇宙の誕生から人類の登場まで五万年というのは現代の常識では短すぎるが一八世紀には西欧の科学者たちも地球の年齢は数万年とするような議論を行なっていた）。

天御中主天皇から数えて一二代目の伊弉諾(いざなぎ)天皇・伊弉冉(いざなみ)皇后の間に生まれた三人は次々に皇位を継いだ。すなわち天照坐(あまてらします)天皇（天疎日向津姫尊(あまさかるひむかつひめのみこと)）・月夜見(つきよみ)天皇・素戔嗚(すさのお)天皇である。

この三人を出雲三代天皇という（「神史略」の別の箇所には月夜見天皇の宮を「天津

大日本国出雲日御碕高天原」とあり、この三代の都である高天原が現・島根県出雲市大社町日御碕にあったことを示唆している)。

さらに素戔嗚天皇の皇女と皇子がそれぞれ天照大日孁天皇と天忍穂見天皇として即位することで現在に続く皇統が始まったとされる。

さらに一時期は天忍穂見天皇に始まる高千穂天皇歴代と並行して素戔嗚天皇の孫・大国主天皇に始まる出雲天皇歴代がいたともいう。

なるほど島田が指摘する通り、「神史略」が示す神代の系譜ではスサノオの立場が皇室との関連で記紀よりもはるかに重要なものとなっている。「神史略」には太陽神・光明神としての天照日大神、スサノオの姉妹としての天照坐天皇、皇祖としての天照大日孁天皇という三柱のアマテラスが登場するわけだが、これは結果として記紀で一体とされているアマテラスの権威を三つに分割するものともなっているわけである。

さて、「神史略」の系図では、月夜見天皇の二人の皇子が一方は南海国に至り、もう一方は「黒人根国」の中興の祖になったとある。

また、素戔嗚天皇の皇子には「白人根国」の中興の祖となった者があり、出雲の大国主天皇にしてもその出自は「白人根国」の第一皇子なのだという。

さて、「黒人根国」中興の祖の子孫には迦毘羅飯命（カビライ）があり、さらにその子孫には悉達留多（シツダルタ）（釈迦）がいるという。

そして、「白人根国」中興の祖の子孫には野安押別命（のあおしわけのみこと）があり、さらにその子孫に伊恵斯（イエス）がいるという。

伊弉諾三代天皇の事績として「白人根国〝エジプト〟ニ降リ後伊駄国ヲ造営成シ給（たま）フ」という記述もある。

迦毘羅飯命とは釈尊の生まれた小国カピラヴァストウと漢訳仏典で釈尊の父とされる浄飯王（じょうぼん）を合わせた名前だろう。シッダルタは釈尊の本名である。つまり「黒人根国」とは仏教発祥の地インド方面（南アジア）ということになる。

野安押別命が『旧約聖書』「創世記」で方舟（はこぶね）をつくったとされるノアから来た名前、伊恵斯がイエスの当て字であることも容易にわかる。

つまり「白人根国」とはイスラエルやエジプトを含む中東方面というわけである。「伊駄国」とはイタリアだろう（つまり『竹内文書』で出エジプト後にローマも建国したとされるモーゼの役割を「神史略」ではイザナギ第三代にあてたことになる）。

こうした記述は「神史略」の作者が、仏教やキリスト教の発祥を日本、特に出雲と結びつけようとしたものとして理解できる。

●九鬼・竹内・物部文書に共通の原本があった？

「神代系譜」は「神史略」が示す神代の系図とごく近い内容のものである。「天地言文」について『九鬼文書の研究』では、神武から平安時代の村上までの各天皇の事績を抜粋したものが用いられている。

その「天地言文」からの引用で注目すべきは用明天皇の項の次のくだりである。

「厩戸皇子天地言文記録ノ焼失セルヲ以テ仏教ノ発生ニ重キヲ置キ国体ヲ改題シ天皇紀及ビ国記ヲ編セルモ之皆文意嘘誌也。

天地言文記録ノ写文ハ守屋ノ一族、大中臣ノ一族、春日ノ一族、越前武内ノ一族（武内宿祢ノ一族ヲ称フナリ）各保存ス」

この記述と関連して「神史略」の「天津皇神神祇大中臣没落記事」という文章には次のように記されている。

厩戸皇子（聖徳太子）は仏教を広めるには物部守屋・大中臣牟知麿らが奉じる天津神祇の道が邪魔だからと蘇我馬子と図り、用明天皇二年（五八七）正月七日の夜に守屋の館と天津神祇殿を焼き討ちした。

その際、天地言文を始めとする文献や宝物の多くが火中に消えた（『日本書紀』では厩戸皇子・蘇我馬子らと物部守屋の合戦は用明天皇二年七月とされており、開戦の状況も「神史略」の説明と異なっている）。

馬子らとの戦闘が終わった時、大中臣や物部の一族百人余りが死んでいた。守屋は東北の国に逃れ、牟知麿ら大中臣の一族十数人は再興を期して科野国洲波湖（現・長野県諏訪湖）のほとりの山田邑の山中に隠れた。

大和に残った中臣氏から出た鎌足は中大兄皇子に策を献じて蘇我入鹿を討ち春日神宮（現・奈良県奈良市春日野町の春日大社）を建てて神祇を復興した。鎌足が朝廷から藤原の姓を賜ったため信州に隠れた大中臣氏も藤原を名乗るようになったという。

「天津皇神神祇大中臣没落記事」の内容（一部）

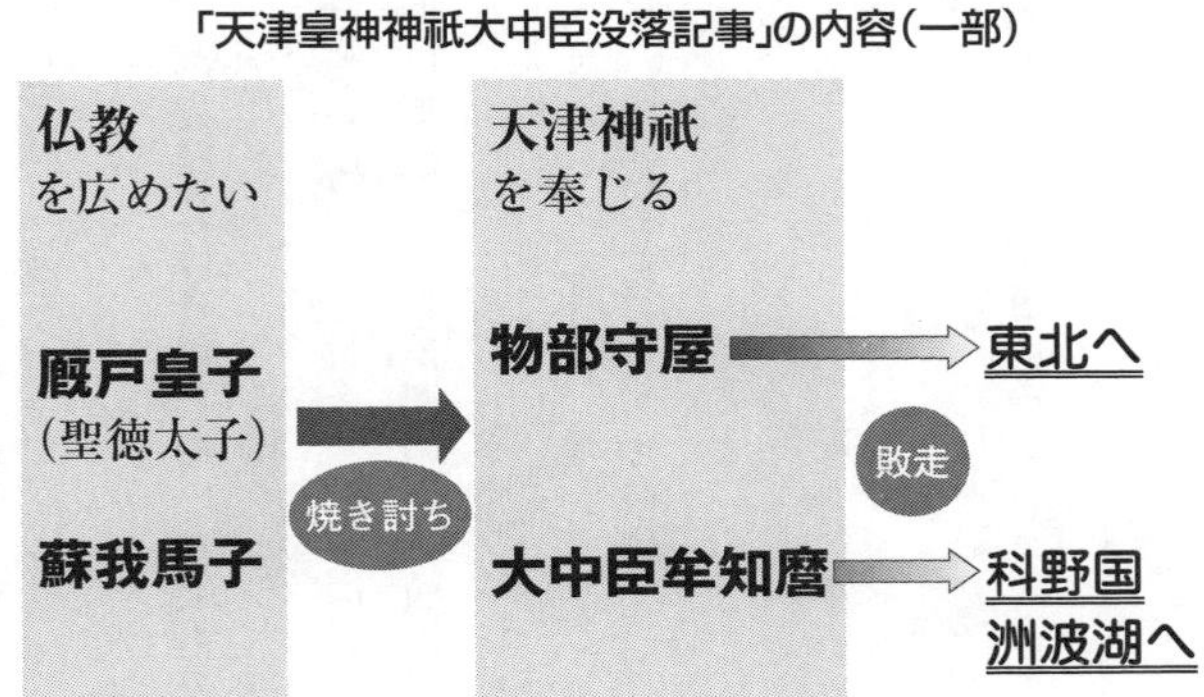

つまり天地言文を守った「守屋ノ一族」とは東北に逃れた物部氏、「大中臣ノ一族」とは信州に逃れた牟知麿らの一族だったということになる。

では、「越前武内ノ一族」とは何者か。「神史略」の記事には登場しないが文書を守ったということで想定されているのはおそらく『竹内文書』伝承者とされる竹内巨麿の祖先だろう（巨麿の出身地は越中で、越前ではないが）。「春日ノ一族」は春日大社ゆかりの家系と思われるが、あるいは昭和初期に活動した神道家の春日興恩（こらおん）の家系かもしれない。

つまり「天地言文」のこのくだりは『竹内文書』も、後に述べる『物部文書』も「天地言文」から派生したと主張しているものと解されるのである。

それでは、その「天地言文」はどのようにして九鬼家に伝来することになったのだろうか。

●『九鬼文書』の正当な持ち主は九鬼家ではない？

九鬼家は志摩国領主、九鬼水軍の長として紀伊半島周辺の制海権を押さえ、織田信長の海上戦力の要となった九鬼嘉隆（よしたか）（一五四二～一六〇〇年）の子孫である。本姓は藤原氏である。

九鬼隆治は、その始祖について藤原姓に改める前は大中臣氏だったと称し、さらに祖先には源平合戦で活躍した熊野別当湛増（一一三〇～一一九八年）もいたと主張していたが、それは疑わしい。

嘉隆の子・守隆が関ヶ原の合戦で西軍についたため、敗戦後に嘉隆は自刃、さらに九鬼家内でのお家騒動もあって九鬼家は志摩国の所領を失い摂津三田（現・兵庫県三田市）と丹波綾部（現・京都府綾部市）に移封された。隆治が当主だったのは綾部九鬼家の方である。

九鬼家は江戸時代、独自の神道を伝えると称して鬼門封じのお札を頒布していた。鬼門とは、災厄が招き入れられる方位として警戒された東北のことである。その本来の出典は中国古典『山海経』にあったとされる記述で、東海の度朔山にある桃の大樹の東北は鬼が出入りする方位で、そこにいる二柱の神は鬼を捕まえては虎の餌にしている。そこで桃の枝を家の門戸にさし、その二神の絵を描けば魔除けになる、というものである。

鬼門の考え方は中国では忘れ去られ、度朔山云々の記述も現行の『山海経』からは抜け落ちている。しかし、日本では陰陽道に取り入れられて定着し、神社仏閣などで鬼門封じのお札も発行されるようになったというわけである。

二宮尊徳（一七八七～一八五六年）は綾部城主九鬼侯から所蔵の神道書十巻を送られ目を通したことがあったという。もっとも尊徳の評価は「此諸の数万巻あるも国家の用をなさず」というものであった（『二宮翁夜話』巻二）。ところで「神史略」の記述からすると「天地言文」を秘蔵していた大中臣氏は信州に隠れていたはずである。ところが九鬼家の出自はどこまで探っていっても信州との接点はない。

戦後になってから三浦は著書『ユダヤ問題と裏返して見た日本歴史』（日猶関係研究会・一九五〇年）の中で『九鬼文書の研究』刊行にまつわる裏話を述べている。三浦が隆治から提供された『九鬼文書』のうち、古風な体裁の物は神代文字などを記した「九鬼神宝」という一巻のみだった。「天地言文」に由来すると思われる多数の文書はいずれもごく最近の写本ばかりだった。そこで三浦は隆治に書写する前の原本を出すよう迫った。しかし、隆治の返答は、原本は焼き捨ててしまったというものだった。

三浦は、大切な原本を焼き捨てるはずはないと考え、すでに提供された史料の整理と研究を進めながら、機会あるごとに隆治に問い続けた。

そしてついに、隆治から、原本を書写した藤原俊秀という書生が写本だけ九鬼家に残して原本を持って行ってしまった、という言質を得た。

　三浦は、藤原の所在を探し求め、『九鬼文書の研究』刊行後にようやく訪ねあてることができた。さっそく三浦は、藤原に『九鬼文書』の原本を出すよう迫ったが、そこで事態は意外な展開を見せた。

　三浦は、隆治と藤原を別々に昼食に招待し、偶然を装って両者を対面させた。そこで彼らを対決させた結果、「原本」の所在が明らかになっただけではなく、それが隆治の提供した史料よりはるかに膨大なものであることも明らかになったという。三浦は『九鬼文書』原本発見の真相についてくわしく語ろうとはしなかった。ただ、次のように述べてお茶を濁している。

「前記『九鬼神宝』の巻は中臣氏の神事の極く一部を取り扱ったもので、神代史に関するものなどは全くない。が、この巻だけは『九鬼古文書』と言える。他の史実に関する記録は『大中臣古文書』と呼ぶのが正しいと思う」

　戦後の一時期、いわゆる古史古伝研究をリードした吾郷清彦（一九〇九～二〇〇三年）が生前の三浦から聞いた話では「大中臣古文書」とは信州の藤原俊秀宅で見つかったものだという。ここでようやく『九鬼文書』と信州との接点が現れた。

　つまり、隆治は藤原が伝えていたという大中臣氏関連の史料（「天地言文」など）

を預かった上で、それを九鬼家に伝わったものと称して三浦に提供したわけである。

これでは隆治の手前、三浦がお茶を濁すような物言いをしたのも、小寺が島田に述べたように三浦と隆治の間が疎遠になったのも当然だろう。

しかし『九鬼文書の研究』で取り上げられた「大中臣古文書」が藤原の提供したもののままだったかどうかについては疑問がある。なぜなら、そこには同書刊行当時の九鬼家の動向を如実に反映したと思われる記述があるからである。

●鬼門祭祀を巡る九鬼家と大本の本家争い

『九鬼文書の研究』に「神史略」からの引用として、高御位山(現・兵庫県加古川市と高砂市の境界にある山)に天地中柱主尊と次の八柱の神を祭っているという記述がある。

天地中柱主尊(天御中主大神)・天照坐大神・月夜見尊・素戔嗚尊・大国主尊・豊受姫命・埴山姫命・岩烈命・根烈命

また、やはり『九鬼文書の研究』に引かれた文書には、第五代・孝昭天皇即位元年（西暦紀元前四七五年？）正月、中臣氏の先祖である天中押別命が勅令を奉じて高御位山に登り、山頂の磐境の天御中主大神の霊を鎮めた上で、天照坐大神・月夜見大神・健速素戔嗚大神・大国主大神・岩烈大神・根烈大神・豊受姫大神・埴山姫大神の八神を「鬼門八神」として祭ったという記述もある。

つまり、『九鬼文書の研究』で三浦が依拠した「大中臣古文書」では、高御位山はアメノミナカヌシと鬼門八神を祭る山だとされているわけである。

この高御位山には、九鬼家が祭る神社があり、さらに隆治が開いた教団・皇道宣揚会の道場も置かれていたところである。

高御位山に関する記述は、九鬼家側による「大中臣古文書」への加筆か、もしくは藤原が九鬼家に出入りするようになってから「大中臣古文書」に増補したものだろう。

さて、隆治の出自は綾部九鬼家にあるが、京都府綾部市といえば戦前に二度に及ぶ団弾圧を受けたことで有名な新興宗教・大本の発祥地である。大本はもともと開祖・出口なお（一八三七～一九一八年）が神憑り状態で書いたお筆先に端を発し、なおの娘婿となった聖師・出口王仁三郎（一八七一～一九四八年）の指導の下で大発展を遂げた教団である。

大本の開教を告げたとされる宣言は次のようなものだった。

「三千世界一度に開く梅の花、艮の金神の世になりたぞよ。神が表に現れて三千世界の立替え立直しを致すぞよ」

艮の金神とは、鬼門に封じられた祟り神のことである。大本は、その艮の金神こそが真の最高神・救世神であり、その神の解放こそ世界の変革であるという価値転換を行なったわけである。

さて、大本では、発祥地の元領主であり、鬼門祭祀の先達でもある九鬼家に対して礼を尽くしていた。吾郷清彦は九鬼家に王仁三郎から寄せられた丁寧な文面の書簡が多数保管されているという。

その中には王仁三郎が、大本と九鬼家の間には「最も深き因縁」があると教祖(なお)から聞いているとして、将来的には「閣下(隆治)のお世話様に預からねばならぬ」と将来の協力を求める文面のものもある(年次不明)。

しかし、隆治としては大本と連携しても自分が主導権を握れないであろうことを快く思わなかったようである。

隆治は大正九年(一九二〇)に皇道宣揚会を立ち上げるが、その際、当時の内務大臣と宮内大臣に『皇道宣揚之趣旨』という意見書を提出し、その中で、大本は出口家を皇室と並び称し綾部遷都をも唱えて国を乱さんとする集団だと告発している。それ以降も隆治は反大本の姿勢を堅持しつつ、大本のいう「艮の金神」は本来、九鬼家が祭るべき神であることを主張し続けた。

戦後、九鬼家では、王仁三郎はもちろん世界救世教教祖の岡田茂吉（一八八二〜一九五五年）、生長の家初代総裁の谷口雅春（一八九三〜一九八五年）、神道天行居創設者の友清歓真（一八八八〜一九五二年）らはいずれも高御位山において隆治の下で修行した、あるいは、なおは九鬼家邸内に祭られていた本興稲荷に参籠を重ねるうちに神憑りして大本を開教した、などと主張している。

だが、これらについては裏付けとなる記録が大本側の史料にも大本を弾圧した特高の史料にも存在しておらず、その信憑性は疑わしい。

それらは艮の金神の祭祀権に関して、大本に対する九鬼家の優位を主張するための話にすぎないだろう。

それはさておき、三浦に対する『九鬼文書の研究』執筆依頼も皇道宣揚会の宣伝の一環だったと思われる。

高御位山における鬼門八神祭祀の記事に、大本への対抗という意味があったのは間違いない。

ちなみに九鬼家には「鬼門祝詞（のりと）」という神詞も伝わっている。

「そもそも宇志採羅根真大神と申し奉るは、すなわち造化三神・天神七代・地神五代・陰陽の神の総称にて、日月星辰・三千世界・山川草木・人類禽獣を始めとし、森羅万象の万物をして宇宙の真理より創造大成せらるる大神のことなり。曰く、天之御中主大神。曰く、高御産霊大神。曰く、神御産霊大神。曰く、伊奘諾大神。曰く、伊奘冊大神。曰く、天照大御神。曰く、月夜見大神。曰く、建速素盞嗚大神。を奉斎主神とし、総じて宇志採羅根真大神と崇め給ふ。（中略）宇志採羅は丑寅なり。艮なり。根真は金神なり。福徳無量の神なり。故に福徳無量にして、万物を生じる神なるが故に艮大根神と名づく。また艮の方を鬼門と名づく。故に艮鬼門大根神の名あり。（中略）万物を生じ、万物を和合し、万物を成就せしむ。これこの御神の御誓願なり」

この祝詞で讃えられるウシトラノコンジンは鬼門八神の発展形であるとともに大本における最高神・救世神としての艮の金神の要素を九鬼家の鬼門祭祀に取り込んだものとみなすことができる。

●「天津蹈鞴秘文」に見る熊野修験道の誕生

隆治の長子・九鬼宗隆（一九一四〜二〇〇三年）は昭和一三年（一九三八）に國學院大学神道部を卒業した後、戦後の昭和二六年（一九五一）、神社本庁より熊野本宮（和歌山県田辺市本宮町）宮司を拝命した。

綾部九鬼家が熊野別当湛増の子孫を称していることからすれば、宗隆の熊野入りは家レベルでの帰郷ということになる。

綾部九鬼家と熊野の関連についていえば、宗隆の熊野本宮宮司就任との先行関係は明らかではないが、隆治が、熊野修験道（しゅげんどう）の指導者を称していたことを示す資料がある。

それは「熊野修験行者之精神と道知るべ」と題された写本である。その本文中には、「両部神道修験熊野別当中臣隆治閣下」提供の古文書「天津蹈鞴（たたら）秘文」に基づいて書かれたということが記されている（両部神道とは真言（しんごん）密教と習合（しゅうごう）した神道の流派）。また、写本の末尾には次のように記されている。

皇神祇大中臣熊野修験道管領
熊野別当従三位　九鬼隆治

宝岳院寫書謹拝

宝岳院というのは、この写本を書写した小玉哲玉のことである。隆治が従三位を授けられたのは昭和一〇年（一九三五）のことであった。一方、小玉は一九六〇年代まで熊野修験道四国管区で活躍した人物である。したがって隆治が熊野修験道管領・熊野別当を称していたのは、一九三五年から六〇年代までのある時期だったことがうかがえる。

さて、三浦がいうところの「大中臣古文書」と別に、綾部九鬼家には古代史に関する記述も含むもう一つの古記録があったという。それを整理したのは、高松寿嗣（としつぐ）（号・澄水）である。寿嗣の父・高松義心は隆治の側近で皇道宣揚会のための遊説（ゆうぜい）では、常に隆治に随行していた。寿嗣も父の縁で九鬼家に出入りし、古記録を整理するかたわら九鬼神流武術を極め、その師範となった。寿嗣によって書写整理された古記録は「天津蹈韛秘文」と総称される。すなわち、「熊野修験行者之精神と道知るべ」の下敷きになったとされる文献である。

修験道は一般に大和国葛城（かつらぎ）（現・奈良県御所市・葛城市・大和高田市方面）の行者（ぎょうじゃ）・役小角（えんのおづの）（役行者　六三四～七〇一年）に始まるとされるが「天津蹈韛秘文」およ

び「熊野修験行者之精神と道知るべ」にはさらにその前史がくわしく語られている。神武紀元前七〇〇年もしくは前六〇〇年（西暦紀元前一四七〇、もしくは前一三七〇）頃、カルデア（メソポタミア南東部）出身のバラモン教哲学者で天文学者でもある弭摩王（みまおう）が日本に渡来して三輪山に居を構えた。弭摩王は日本の神々と力を合わせ、天道自然を明らかにした。その成果を神代文字で記録したのが本来の「天津蹈鞴秘文」である。

神武紀元前五五〇年（西暦紀元前一三二〇）頃、マレー民族の仏教徒が数百名で大和に侵入し、天皇に反抗して戦いを挑んできた。天皇の軍隊は三輪山を要害として戦い、これを破った。降伏した仏教徒は磯城（しき）（現・奈良県磯城郡・桜井市方面）に住むことを許された。これ以降、皇室は国を守るために武器を揃えなければならなくなった。

神武紀元前一〇年（西暦紀元前七八〇）、それまで百数十年にわたって九州や大和で民を苦しめていた賊軍を一掃するため、天皇の軍勢が伊勢・鳥羽より発進して一〇年に及ぶ戦いの末、国家を統一した。これすなわち神武天皇である。それ以降、「天津蹈鞴秘文」には、宗教的知識だけでなく武力の徳も併せて記載するようになった。

また、孝謙天皇（在位七四九～七五八年、称徳天皇として重祚してからの在位は七六四～七七〇年）や道鏡と対立して反乱をくわだてた藤原仲麻呂（恵美押勝、七〇六～七六四年）の子・藤麿も「天津蹈鞴秘文」の会得者だった。

仲麻呂の敗死後、称徳が淳仁天皇（在位七五八～七六四年）を廃して淡路に流罪にした際、忠臣の和気清麻呂が道鏡を処刑するよう称徳に諫言した。道鏡は清麻呂暗殺のために刺客数十名を送ったが、藤麿とその従者が清麻呂を守って刺客たちを返り討ちにした。正史では天智系の皇統だったとされる光仁天皇（在位七七〇～七八一年）は、実は淳仁天皇の皇子だったという。

さて、「天津蹈鞴秘文」には素戔嗚命の出雲神伝と天照皇大神の倭神伝が共に含まれているという。素戔嗚命の御子五十猛命は倭朝廷との間に、皇位は倭朝廷のものとするが祭式一切は出雲朝廷が執り行なう、倭朝廷から皇妃を出すなら出雲朝廷から太子を出し、倭朝廷から太子を出すなら出雲朝廷から皇妃を出す、という盟約を行なった。

大物主大神は、倭朝廷守護のために「天津蹈鞴秘文」を武器と共に祭り、紀州熊野を御座所と定め、その臣下たちを大和の各地に配置した。ところが神武天皇は盟約を反故にする形で出雲朝廷の臣を殺し、大物主大神の妃である蹈鞴五十鈴媛命を三輪山に包囲した。

出雲側は徹底抗戦を唱える長髄彦（ながすねひこ）を騙（だま）し討ちにして神武に降伏したが、その際、長髄彦の兄・安日（あび）王命が「天津蹈鞴秘文」の一部と宝玉を持って東北に逃れた。安日王命は津軽に隠れ、その子孫は後世、朝廷から蝦夷（えみし）と呼ばれることになる。

また、それと別に新羅王子・天日槍命（あめのひぼこのみこと）が来日した際にも「天津蹈鞴秘文」の一片が伝授された。

さらに天日槍命の子孫・鳴上彦（なるかみひこ）は役小角に秘伝を伝えたため、修験道に「天津蹈鞴秘文」が取り入れられたのだという。

ちなみにヒメタタライスズヒメは記紀では神武天皇の皇后、『古事記』ではオオモノヌシの娘とされている。ナガスネヒコの兄・安日彦が東北に逃れたという話については『東日流外三郡誌』の項で改めて論じたい。

なんとも盛りだくさんな「天津蹈鞴秘文」由来譚（たん）だが、これも戦前からの『九鬼文書』（「大中臣古文書」含む）と熊野修験道を結びつけるために話を膨（ふく）らませていった結果であろう。

『九鬼文書』のテキストで一般向けに市販されたものとしては吾郷清彦解説『九鬼神伝全書』（新國民社・一九八三年）と復刻『九鬼文書の研究』（八幡書店・一九八六年）

がある。

●なぜ「九鬼」で「くかみ」と読むのか

先述のように九鬼家は江戸時代に綾部九鬼家と三田九鬼家に分裂したが、三田九鬼家には神代史に関する古伝があるとの主張は特にない。三田九鬼家からは日本初の民間博物館を建てた九鬼隆一（一八五二～一九三一年）や、その息子で哲学者の九鬼周造（一八八八～一九四一年）が出ている。

また、九鬼本家移封に際して紀伊半島、現・三重県尾鷲（おわせ）市九鬼町周辺に残った分家もあった。その中からは大正期から昭和初期にかけて神霊術や易占に関する著書を何冊も出し、「本道宣布会」という教団を興した九鬼盛隆（一八六九～？年）という人物が出ている。盛隆は九鬼宗家第一九代を名乗り、隆治に対して抗議文を送ったこともあるという。

なお、本稿では便宜上「九鬼」という表記を用いてきたが、実は、綾部九鬼家では、「九鬼」の表記を採用している。

宗隆の談話などによると、九鬼家の「鬼」はオニではなくカミと読むべきであり、角を生やしていると邪鬼の姿になってしまう。だから角を意味する点をつけないのだという（したがって『九鬼文書』も正しくは「くきもんじょ」ではなく「くかみもんじょ」ということになる）。

しかし、「鬼」という字は中国でも日本でも鬼の異体字としてしばしば用いられているものである。たとえば岩波文庫『中国正史日本伝（一）』に原文として提示された魏志倭人伝（『三国志』魏志東夷伝倭人条）、『隋書』倭国伝、『梁書』倭伝ではいずれもいわゆる卑弥呼の鬼道について「鬼道」という表記を用いている（それらはいずれも百衲本と呼ばれる古版本の校合である）。

日本では、鬼子母神を祭ることで有名な真源寺（東京都台東区下谷）の各所で「入谷鬼子母神」という表記を見ることができる。

角を生やすと邪鬼になるというのは異体字の存在が忘れられた後からの理屈付けとみなすべきだろう。ちなみに三田九鬼家も紀伊九鬼家の盛隆も特に「九鬼」の表記を使うことはなかった。

物部文書（もののべもんじょ）

物部守屋の末裔と称する人物が公開した
記紀とは異なる物部氏の祖神の歴史、
守屋が馬子に滅ぼされた後の出来事とは？

●一子相伝の口伝をまとめた幻の文献

秋田県の山中、大仙市協和（だいせんしきようわ）という集落に不思議なたたずまいの神社がある。葺石（ふきいし）で固められた築山を社殿の土台として周囲に堀を巡らせたその姿は、超古代文明のピラミッドを再現したものとも、前方後円墳（ぜんぽうこうえんふん）を象（かたど）ったものともいわれてきた。

その社の名を唐松（からまつ）神社あるいは唐松山　天日宮（あめのひのみや）という。唐松神社の宮司家である物部家は物部守屋の末裔を称し、貴重な古文書や神道の口伝（くでん）を守ってきたという。

この神社の存在が太古史研究家の間で注目されたのは昭和一六年（一九四一）のことである。地元在住の太古史研究家・小保内樺之助（おぼないかばのすけ）が『物部家一子相伝の天津祝詞の太祝詞の解説』を著し、物部家に神代文字で書かれた呪文が代々伝えられてきたことと、その家系が物部守屋の直系であることを示す系譜とを公表したのだ。

同じ年、三浦一郎は『九鬼文書の研究』において、次のように述べた。

「物部文書が最近秋田県から発見されたこと及守屋の一族が今日に至るまで同地に連綿と居住してゐた点から見て、九鬼文書に云ふところの〝守屋ハ東北ノ国ニ逃レ〟たということの真実が立証されたのである」

つまり三浦は『物部文書』は、いわゆる『九鬼文書』（大中臣古文書）にいうところの「天地言文」から派生したものとみなしたわけである。この解釈は戦後、吾郷清彦や佐治芳彦にも踏襲され、多くの古史古伝ファンに共有される認識となった。

しかし、物部家では古伝の一子相伝を固く守っていたため、小保内が公表した神代文字の呪文以外の情報は外部に漏らされることはなかった。『物部文書』は名のみ高くして、ほとんどの人がその内容を知らない幻の文献となっていたわけである。

小保内の著書が出てから約四〇年後、当時

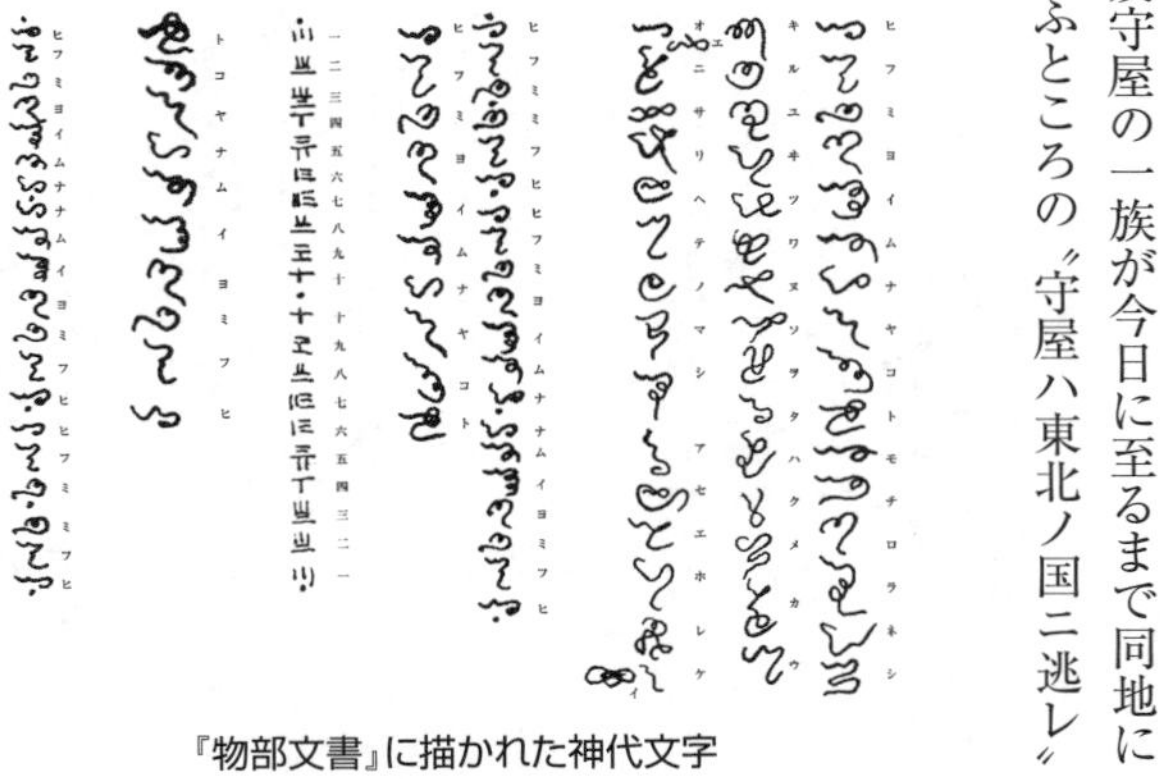

『物部文書』に描かれた神代文字

の唐松神社宮司・物部長仁とその父で名誉宮司の長照は『物部文書』の内容公表を決心し、郷土史家の進藤孝一にその研究を託した。こうして世に出た解説書が『秋田「物部文書」伝承』（無明舎、一九八四年）である。

なお、余談だが、日本の耐震工学の先駆者・物部長穂（一八八八〜一九四一年）は長照の叔父にあたる。唐松神社社殿（一九一四年竣工、一九三二年完成）のユニークなデザインと、宮司家の親族から偉大な建築家が出たことは無関係ではなさそうである。

●ニギハヤヒは鳥海山に降臨していた

公開された『物部文書』の内容で注目すべき点、それは物部氏の祖神とされるニギハヤヒについて従来知られていない伝承が記されていたことである。

ニギハヤヒについては『古事記』『日本書紀』『先代旧事本紀』ともに異なった来歴を記している。『古事記』では「天神御子」（神武のこと）の跡を追って天から下り、大和で出迎えた神だとする。『日本書紀』では、神武東征に先立って畿内に降りた天神の子でナガスネヒコに迎えられて妹婿になった後、神武に恭順しようとしないナガスネヒコを殺して神武に従ったとする。

『先代旧事本紀』十巻本（聖徳太子撰と称するが実際には物部氏の伝承に基づいて平安時代初め頃に成立したものと推定される）では、ニギハヤヒは皇祖ニニギの兄で、そのフルネームは「天照国照彦火明櫛玉饒速日命」だったとする。ニギハヤヒは弟の降臨に先立って十種の瑞宝（神宝）を授けられ、まず河内国河上の哮峰（現・大阪府東大阪市の石切劔箭神社方面もしくは現・大阪府交野市の磐舟神社方面）に天降った後、大倭国鳥見山（現・奈良県宇陀市・桜井市の境界）に移った。その直後にニギハヤヒは地上での生を終え、遺体は風で天に運ばれたという。

ちなみに『物部文書』では物部氏の十種の瑞宝は、奥津鏡・辺津鏡・八握剣・生玉・足玉・死返玉・道返玉・蛇比礼・蜂比礼・品物比礼とされている。

さて、『物部文書』では、ニギハヤヒが十種の神宝を持って地上に降りたというところまでは『先代旧事本紀』の所伝と同じだが、降臨地が畿内ではなく、出羽（現・山形県、秋田県）だったとする。

「（ニギハヤヒは）鳥見山ノ山上潮ノ処ニ天降リ玉フ、此レヨリ国名ヲ繁木カ之本ト号リ此ノ山ヲ鳥海山ト号リ　繁木之本トハ日本ノ古名也、鳥見山ハ出羽国ノ鳥海山ナリ」

現在の山形県と秋田県にまたがり、日本海に臨む鳥海山(ちょうかいさん)に降臨したニギハヤヒは現在の唐松神社の近くに社を建てて天つ神を祭り、禁厭(きんえん)の術と医術を人々に教え授けた。それから西に向かい、ついに大和に入って居を構えたのだという。

『物部文書』は、ニギハヤヒ降臨ゆかりの地とされるトミヤマ（トリミヤマ）が、鳥大和の鳥見山ではなく、東北地方での日本海航行におけるランドマークであり、鳥海修験の霊場(れいじょう)でもある鳥海山だったと主張しているのである。

ちなみにニギハヤヒがもたらしたとされる十種の神宝の内、唐松神社には奥津鏡・辺津鏡・生玉・足玉・十握剣の五つまでが現存しているという（剣の名称については『先代旧事本紀』と『物部文書』とで異なっている）。

●途切れ途切れの系図

『物部文書』の「物部家系図」では、物部家の祖は物部膽咋連(いくいのむらじ)、物部家の初代は那(な)加世(かよ)という人物だと記されている。したがって始祖であるはずのニギハヤヒから、膽咋連にいたるまでの系譜はまるまる省略されているわけである。また、膽咋連から那加世までの間の系譜についても、膽咋連から尾輿(おこし)という人物までの間が「四代略」、尾輿と那加世までの間が「一代略」とされている。

那加世から公開当時の唐松神社宮司である長仁（物部家六三代）までの間が断絶なく書き継がれているのに対して、上代の系譜にはあえて沈黙するかのような空白があるわけである。

物部膽咋連は『先代旧事本紀』では物部膽咋宿祢とも称され、成務天皇の御代に大臣を務めたとされる。また、『日本書紀』では、仲哀天皇の崩御直後、神功皇后から宮中を守るよう命じられた大夫（重臣）の一人として名が見える。

『日本書紀』ではその後、膽咋連の出番はなくなるのだが、『物部文書』では、神功皇后のいわゆる三韓征伐（朝鮮半島の新羅・百済・高句麗の平定）では膽咋連が同行して大臣の武内宿祢とともに活躍した。膽咋連は皇后から妊娠中に締めていた腹帯を賜り、物部家の家宝とした（神功皇后の腹帯と称せられるものは今も唐松神社の神宝にあるという）。

さらに『日本書紀』では神功が三韓征伐の後に畿内に帰って反乱の鎮圧を行なったとあるのに対して、『物部文書』の神功は、畿内での反乱鎮圧を武内宿祢に任せ、自らは膽咋連とともに海を北上し、東北地方の蝦夷を平定したという。

北海平定を終えた後、神功はかつてニギハヤヒが建てた社殿を参拝し、戦勝感謝の祭祀を行なった。現在、唐松神社の主祭神が息長帯姫命（神功皇后）とされているのはそのためである。

また、「唐松」という社名は、かつてこの神社が三韓への勝利をもたらした神の宮だという意味で「韓服宮(からまつみや)」と呼ばれていたことに由来するとされている。

なお、「物部氏系図」に出てくる物部尾輿について『日本書紀』は、安閑(あんかん)天皇元年(五三一)、尾輿のものだった瓔珞(ようらく)が盗まれて皇后に献上されたという古代日本版「女王の首飾り」事件を伝える。この事件では関係者が罪を贖(あがな)うに際し、なぜか被害者の尾輿までが関わり合いを恐れて大和・伊勢・筑紫の部民を朝廷に献上したとされる。

●物部家初代・那加世の亡命伝説

『物部文書』の「韓服宮記録」は守屋が聖徳太子・蘇我馬子に攻められて戦死した後のこととして次のように記す。

「尾輿ノ臣、捕鳥ノ男速、守屋ノ一子、那加世三歳ナルヲ懐ニシテ東方蝦夷ノ地ニ逃ゲ来リ遂ニ祖先饒速日命ノ住居玉ヘル処、今ノ仙境ノ地ヲ尋求来テ姓ヲ包ミ名ヲ改メテ隠レ住ム」

『日本書紀』は守屋亡き後、その臣下だった捕鳥部万（ととりべのよろず）がただ一人、勇猛に抵抗を続けたことを記す。男速は万と関連する人物だろう。

東北に逃れた後の那加世については、奥州各地を転々としながら始祖の地である唐松神社所在地にたどり着いて定住したという伝承の他に、那加世の代には定住することができず子孫代々隠れ住みながら天元五年（九八二）にようやく現在の大仙市協和に落ち着いて韓服宮の社殿を再建したという伝承もある。

つまりは『物部文書』の中でも物部家定住の時期については約四〇〇年もの違いがある説が共に語られているのである。

また、「物部家系図」の中で鼻祖（びそ）・膽咋連と初代・那加世を結ぶ系譜に大きな空白があるのも気になるところである。膽咋連から尾輿については他の史料（たとえば『先代旧事本紀』）にも記録があるから省略したという見方もできるが、尾輿と那加世の間の一代といえば、そこに入るのは守屋だけのはずなのである。それをわざわざ略す意味は見いだせない。

あるいは『物部文書』の未公開部分には、守屋と那加世の関係に関する異伝が遺されているのかも知れない。

守矢家文書（もりやけもんじょ）

諏訪大社に関わる守矢家と、物部守屋の関係を明かした史料群。モリヤと諏訪に関する数々の伝承を読み解いていくと…。

●物部守屋の末裔と称する長野の守矢氏

物部守屋の末裔を称する旧家は秋田物部家だけではない。物部守屋もしくはその一族の生存説は『物部文書』所伝以外のバージョンもあり、たとえば半村良（はんむらりょう）（一九三三～二〇〇二年）の伝奇SF小説『石の血脈』（一九七一年）でも守屋東国亡命説に言及されているくらいである。

さて、長野県の諏訪湖に臨み、信濃一之宮・諏訪大社の御神体山となっている守屋山の名が物部守屋にちなんでつけられたという伝承があることはあまり知られていない。

江戸時代後期の神官・井出道貞（いでみちさだ）（一七五六～一八三九年）が著した『信濃奇勝録』によると、物部守屋の子・弟君（おとぎみ）は一族滅亡の難を逃れ、諏訪の森山に隠れた後に諏訪大社の神長の養子に迎えられた。

その後、弟君の子孫である神長家は森山に守屋の霊を祭った。これにより森山は守屋ケ岳と呼ばれるようになったという。すなわち現在の守屋山である。

神長家は守矢氏ともいい、かつては諏訪大社上社で大祝（宮司）に次ぐ役職を務めた家柄だった。ちなみに大祝を継ぐ家柄は、神氏もしくは諏訪氏ともいい、武家政権の時代には諏訪の領主をも務めていた。

守矢家に伝わった古文書は一六〇〇点を数え、そのうちの一五五点は長野県の県宝、五〇点は茅野市の文化財に指定されている。現在、それらの『守矢家文書』は市立の茅野市神長官守矢資料館に収蔵され、適宜、展示公開されている。

物部守屋の子が養子に迎えられたことは『守矢家文書』の「神長守矢氏系譜」にも記されている（ただし守屋の子の名前は武麿とされる）。

だが、最近はこの伝承はあまり取り沙汰されることはない。

それは「モリヤ」の名を六世紀よりもはるかに以前の縄文まで遡らせるような論説が歓迎されたからである。

●諏訪明神と神長家の祖・モリヤの対決

諏訪大社の起源について『古事記』は、出雲の国譲りの際、オオクニヌシの子・

タケミナカタが、高天原の使者であるタケミカヅチとの力比べに敗れ、諏訪まで逃げて行ってそこに留まることを誓った、という神話で説明している。

一方、一三五六年成立の『諏訪大明神絵詞(えことば)』には、諏訪大社摂社・藤島社での田植祭について次のような由来を記している。

その昔、明神が現れた時、洩矢(もりや)という悪い神が明神を妨げてこの地に住まわせまいとした。洩矢は金輪を持って争いを挑んだが、明神は藤の枝を手にして洩矢を降伏させた。その時、明神が正法を興すという誓いを立てて藤の枝を投げると、たちまち根付いて枝葉が茂り鮮やかな花が咲いた。藤の花が洩矢降伏の戦いの場を万代に残しているため、明神の名も藤島明神と呼ばれている。

この洩矢神こそ神長家の祖とされる神である。一九七〇年代後半、この明神とモリヤ神の戦いの説話が大きくクローズアップされるようになった。

古代諏訪に関心がある郷土史家・民俗学者・考古学者・ジャーナリストらによって結成された古部族研究会の編著書として『日本原初考』三部作(一九七五〜七八年)というシリーズが刊行された。

その中で、モリヤは、古代諏訪の首長であり、縄文時代以来連綿と続いてきたミシャグチ祭政体を象徴する神として大きく取り上げられたのである。

ちなみにミシャグチとは東日本に広く分布する道祖神の一種だが、古部族研究会の活動により日本先住民の神というイメージが定着するにいたった。

さらに、この説話が『古事記』と結びつけられることにより、明神とモリヤの戦いは出雲族のタケミナカタに代表される弥生文化と、先住民の縄文文化との衝突を示す話としても解釈されるようになった。

さらにタケミナカタとモリヤの戦いの模様は諸星大二郎の伝奇マンガ『孔子暗黒伝』（一九七八年初出）のクライマックスにも取り入れられてそのイメージを定着させることになる。

先住民の神としてのミシャグチはゲーム「女神転生」シリーズや、同人メディアミックス「東方Project」、TVアニメシリーズ『k』などの世界観にも取り入れられ、今ではゲーム・アニメファンの間でも親しまれている。

そして、モリヤ神の年代を先史時代に引き上げる論調が流行るうちに、守矢家を物部守屋の末裔とする系譜は次第に無視されるようになっていったのである。

ちなみに『日本原初考』第三部『諏訪信仰の発生と展開』において、古部族研究会の発起人の一人、田中基は神長家と物部守屋を関連付ける伝承は政略的に造作されたものにすぎないという解釈を示している。

●数々の伝承が示す守屋と守矢の関係

ところで『諏訪大明神絵詞』の伝承ではモリヤ神は鉄の輪を持っていたとされる。明神とモリヤの争いを弥生と縄文の衝突として読み解くなら縄文の側のモリヤが金属器を持っているというのはいささか奇妙である。

実は、明神とモリヤとの戦いに関しては『諏訪大祝家文書』の『諏訪信重解状』「守屋山麓御垂跡事」という記録に次のような異伝がある。

諏訪は昔、「守屋大臣」の所領だった。諏訪大明神が天降ました時、大臣は明神を遮ろうとし、明神は土地を得ようとして争いとなった。明神は藤の鎰、大臣は鉄の鎰を持ち、地面に懸けて引っ張った。その勝負に勝った明神は守屋大臣を追い懲らしめた。明神が諏訪の地に落ち着いて幾星霜、その誉れは天下に広まった。

ここではモリヤのことがはっきり「守屋大臣」すなわち物部守屋のことだと記さ

れている。『諏訪信重解状』の奥付には「宝治三年」（一二四九）とあるので、これを認めれば『諏訪大明神絵詞』より一〇〇年以上も前ということになる。

また、やはり大祝家の記録である『神氏系図』序文には、大祝家の祖・有員の祖先である神子は用明天皇二年（五八七）、諏訪大社の元となる社壇を諏訪湖の南の山麓に立てたとある。用明天皇二年は、物部守屋が聖徳太子・蘇我馬子に敗れた年である。

そして、やはり大祝家の『神家系図』には用明天皇の御代に大明神が信濃国諏方（諏訪）郡に現れた時、大明神と守屋山に陣取った守屋大臣が合戦となったとある。その際、有員が大明神に従って参戦し守屋大臣を破ったという（諏訪有員は平安時代初期の平城天皇の頃の人とも伝えられているので、この記述は有員とその祖先とされる神子とを混同した伝承とも思われる）。

私は、これら、諏訪大明神と物部守屋の争いを記した伝承の方が『諏訪大明神絵詞』よりも古い形だと考えている。

つまり大祝家が、神長家とは別の形で守屋山の地名を物部守屋に付会し、聖徳太子と物部守屋との争いをモデルに大明神の勝利を語る物語を造作したと思われるのである。

その動機は物部守屋の末裔を称する神長家に対する大祝家の優位を上代まで遡って主張するためだろう。

さて、いわゆる『九鬼文書』の「守屋ノ一族」を秋田物部家にあてる通説について、私はわずかながら違和感を覚えていた。なぜなら秋田物部家については「守屋」を名字に用いた形跡がないからである。

しかし、守矢家の名字は「守屋」と通音である。さらに『大中臣古文書』を所持していた藤原が長野県出身となれば、物部守屋の末裔である「守屋ノ一族」を、わざわざ秋田県に求めるより長野県内にいる守矢家をまず候補にあげるべきである。

以上から、現時点での私は「守屋ノ一族」として本来想定されていたのは諏訪の神長（神長官）守矢家だったとみなしている。

先に述べたような理由から近年、守矢氏の物部守屋伝承は無視されがちな傾向がある。

そのため、いわゆる『九鬼文書』の「守屋ノ一族」についても守矢家との存在が盲点に入っていたのである。

上記（うえつふみ）

日向高千穂に七二代続く王朝があった！
他の文書にも派生した、記紀とは異なる伝承の成立過程は、今も謎に包まれている！

●『上記』の信頼性を高めたサンカの暗号文字

大正二年（一九一三）九月三〇日、一人の女が品川警察世田谷分署に駆け込んだ。女はサンカ（箕づくりなどを業とする山住みの民）の阿国と名乗り、娘に求婚してきた男が悪人でこのままでは娘が殺されるから助けてほしいと訴えた。警察では事件性がないと判断して阿国を帰したが、その後、サンカの掟で警察に密告した罪を問われて死刑にされそうだとふたたび警察にやってきた。

その際、阿国はサンカの規律を示す証拠として暗号用の炙り出しの和紙を刑事に見せた。刑事はそれを手にとって見たが「文字の部分が、ボロボロになって散り落ちる」ありさまだったので、署に来合わせていた写真師にその和紙を撮影させた。

阿国はそれが写真に撮られたのを知るとその暗号を火鉢に投げ込んで焼き捨て、釈放されるや姿をくらませてしまった。こうしてサンカの暗号が存在した証拠はその写真だけになってしまったのである。

刑事は退職後、新聞記者となりサンカ研究家の三角寛（みすみかん）（一九〇三〜一九七一年）と知り合った。昭和七年（一九三二）、三角は元刑事からサンカの暗号の写真を提供された。

三角は、接触していたサンカの指導でその解読法を知り、それが九州から関東・北陸まで日本各地域におけるサンカの人口を示す分布表だということを知った。

昭和三七年（一九六二）、三角はそれまでのサンカ研究の成果を「山窩（さんか）社会の研究」という論文にして東洋大学から文学博士号を取得、その三年後の昭和四〇年（一九六五）に博士論文の骨子を『サンカの社会』という単行本にして朝日新聞社から出した。

この三角の著書はいわゆる超古代史ファンをも驚愕（きょうがく）させた。

なぜなら、そこに記されたサンカの暗号文字は『上記（うえつふみ）』と呼ばれる文献に出てくる文字とそっくりだったからである（同様の文字は『竹内文書』『九鬼文書』にも用いられている）。

サンカが古代以来の共同体を維持しているとすれば、その暗号文字の起源も古代まで遡る可能性がある。

三角のサンカ研究は『上記』の信憑性を高める傍証として迎えられたのである。

●神代文字で記された壮大な神話の集大成なのか？

『上記』は天地初発、アメノミナカヌシからサヌ（記紀の神武天皇）の治世までを記した神代（及び神武朝）の年代記である。その本文は特異な表音文字で書かれており、神代文字研究家はそれを豊国文字と呼んでいる。

また、『上記』には本文の文字の原型とされる象形文字の五十音図も掲載されている。それは出雲の国譲りの直後、高天原語を出雲に広めるために高天原側のアメノオモイカネと出雲側のオオヤビコが合作したものだという。サンカの暗号に似ていると言われるのは、この象形文字の方である。

『上記』は『古事記』『日本書紀』『新撰姓氏録』『古語拾遺』『風土記』などの古典に共通の神話が多く見られるだけでなく、この書物独自の神話も含まれており、まさに日本神話の集大成の感がある。

記紀などと比較した場合、『上記』特有の神話として注目すべきは出雲王朝とウガヤフキアエズ王朝である。

『古事記』ではその系譜のみが記されているスサノオからオオクニヌシまでの間の

五代について『上記』はその事績まで細かく記しており、国譲り前の出雲に王朝と呼んでもおかしくない統治機構があったことを示している。

また、記紀ではヒコホホオデミ（海幸・山幸の山幸）の子で神武天皇の父として一代の神との扱いを受けているウガヤフキアエズについて『上記』は七二代に及ぶ世襲の称号であったとする。

ウガヤフキアエズ朝歴代は日向高千穂（現・宮崎県高千穂町?）に宮を置いて日本列島広域を統治した。その主だった事績は次のようなものである。

第二代……ニニギの御代につくられた文字を改良し、紙や筆を発明した。これにより上代の歴史が記録にとどめられるようになった（ちなみにこの文字が『上記』本文に用いられている文字である。後述の「上ツ文ハシガキ」によると、さらにこの文字を吉備真備〈六九五～七七五年〉が漢字の一部と混交し、現代も用いられている片仮名をつくったという）。

第三代……カラシナ（唐支那、中国のこと）の王の使者を迎える。カラシナは隣国の王カムヌリ（匈奴?）との争いが長引いて困窮していた。天皇は五穀の種を使者に与え、その栽培法を伝えるために臣下を派遣した（これ以降もカラシナはウガヤフキアエズ王朝への朝貢を重ねている）。

また、猿を実験動物としてさまざまな医薬・医術を開発し、本州や四国を巡幸して天皇自ら医術を広めた。

その医術では身体組織をイケ（呼吸器）ホケ（消化器）ミケ（循環系）ツケ（骨格・筋肉）の四つに分類し、一二の臓器の名称を取り決めている。

また、男・女、年齢ごとの食事の量や性交の回数までこと細かに定めて国民に普及させた。

第四代……北方のオルシ（オロシャ、ロシアのこと）の船が越のククキ（現・新潟県糸魚川（いといがわ）市方面）に漂着したので食料を与えて帰国させるということが二度繰り返された後、三度目のオルシ来航は大船三〇隻を並べての侵攻となった。天皇はオルシ王からの降伏要求を退け、越に軍隊を派遣して交戦した。壮絶な戦いの末、オルシ王アカスイテは降伏し、生き残った兵を集めて逃げ帰った。

天皇は、南はタケヒ（薩摩、現・鹿児島県）から北はエゾ（現・北海道）までの諸国に陣屋を置き、国を守らせた。

また、度量衡を新たに制定し、九九柱の星神を新たに祭った。

第七代……ウガヤフキアエズ王朝で最初の女帝。女帝が立った時にはその夫はヨセキオ（世幸男）として妻に仕える、という制度を定めた。『上記』のウガヤフキアエズ王朝記事には欠落があるが明記されているだけで一四人の女帝が立っている。

第一〇代……女帝。世幸男は少年時代、大蛇と熊の争いを見て両者を引き離し、怒った大蛇が襲ってきたのを剣で切り刻んだという剛力の持ち主だった。

女帝は病弱だったが、ある時、ホニツル（丹頂鶴）が宮中に現れ女帝と世幸男を海岸へと導いた。海岸に着くとそこに巨大な亀が現れたので女帝らはその背の建物に入って海を越えて行った。着いたところでは白髪の翁（おきな）が出迎えて女帝に薬を授けた。以来、女帝は壮健になって世幸男とともに世を治めることができるようになった。翁はイザナギ・イザナミの最初の子でエゾの地を守護するヒルコ大神だったという（この話に関しては亀を宇宙船とみなして翁は宇宙人だったと唱えた論者もいる）。

第一一代……民を教化するために三七五人の臣下を全国各地に派遣、自らも九州・本州・四国の各地を巡幸した。

また、遠江国（とおとうみのくに）のハナナ（現・静岡県浜名郡）に押し寄せてきたオオヒト（巨人族）を撃退した。

第一四代……女帝。飛騨・信濃に親征して、人々を食い殺していた土蜘蛛（つちぐも）の妖怪を退治した。

第一五代……ミカラ（三韓）の兵が対馬に攻め寄せたとの報せを受けて皇族のイ

ナヰをイクサキミ（将軍）に任じ、これを防がせた。イナヰは逃げる三韓軍を追って敵国に上陸、コマ（高句麗）王とクタラ（百済）王を味方につけてシラキ（新羅）王と三韓への援軍に来たカラシナの将を生け捕りにした。この戦いの後、コマ・クタラ・シラキ・カラシナは高千穂の天皇の下に朝貢してきた。

第一七代……女帝。娘に譲位した後、雲が下りてきてその体を包み空高く運び去ってしまった。昇天した後に星神として祭られる。

第二九代……女帝。この女帝の御代にナオイリ（現・大分県竹田市直入町）の郡司の孫サクラヒメを怪しい男がさらおうとしたのでサクラヒメの婚約者が切り殺したところ、大きな鵞鳥（がちょう）に変じて死んだ。

第三二代……女帝。星神の運行で吉凶を占うため臣下に天文学を学ばせた。

第三六代……ウガヤフキアエズ王朝歴代の歴史を編纂（へんさん）した。

第三八代……奥州まで巡幸した際、かつて漂流してようやく帰国した者たちからの証言で伊豆半島の沖に陸地があることを知り、開拓者を派遣して島守を置いた（小笠原諸島という説が有力だが北米大陸説もある）。

第三九代……租税をとりやめて民を豊かにしようとしたが、国の行く末を思う民から税を納めたいと陳情されて税制を再開した。その際、租税の上限を定めるとともに農業振興策を打ち出した。

第四二代……女帝。魂を空に飛ばして遥かかなたまで見てきたという長老から新たな島を見つけたという報告があり、南方の海に調査隊を派遣した。さらにその調査隊に見つけた島を開拓させ、アワナギとツラナギという二人の隊長の名をとってフタナギの国と名付けた。フタナギの国はリキウ（琉球、現在の沖縄県）ともいう。

第四六代……この天皇の三皇子は勇猛で、木曽の大熊、土佐の巨鯨、飛騨・信濃の大猿を退治した。

第四九代……九州各地と近畿地方を巡幸し、別府温泉と有馬温泉を発見した。

第五一代……飛騨・信濃の五人の長老が水汲み用の水車を発明したとの報告を受け、都に召して実験させた。五人の長老は天皇から称号を賜った。

第五二代……島嶼部の民に漁獲法と航海術を教える。その任にあたった臣下が磁鉄鉱を発見、それを加工して航海に用い始める（羅針盤の発明）。

第五三代……全国巡幸の際、ヌチヂ（現・群馬県、栃木県）の山中で老夫婦に迎えられ食事を饗された。だが、天皇は箸をつけることなく、やがて落雷がその老夫婦を撃ち殺してしまった。イワサクネサク神を名乗る翁が現れて老夫婦の死骸を叩いたところ、八〇尋（約一五〇メートル）もある大蛇が正体を現した。大蛇は天皇に毒を盛ろうとしていたが箸をつけなかったので難を逃れたのである。

技術向上や外敵との戦闘の記事の合間に神仙や妖怪が出没する怪異譚が混ざるのが『上記』におけるウガヤフキアエズ王朝記事の特徴である。

さて、全般的には平穏が保たれていたウガヤフキアエズ王朝も、第七一代の御代には思わぬ災厄に見舞われることになる。

●七二代続いたウガヤフキアエズ王朝の終焉

ウガヤフキアエズ王朝第七一代即位六八年の夏、日本全土を揺るがす規模の大震災があった。そのため、その年の秋は五穀の収穫ができず、民は二次災害の大飢饉（ききん）にみまわれた。

天皇は、この地震は我が心の乱れから生じたものと身を慎（つつし）み、皇族や臣を全国各地に派遣して食べられる植物を探させるとともに、それらを貯蔵して冬の備えにするよう手配した。

一方、その地震の前から大和宇陀（現・奈良県宇陀市）の豪族・ナガスネヒコは密かにシラヒト（新羅もしくは白人の国）と交易して富を蓄えていた。

ナガスネヒコは越国の賊マガツワタリヒコの子孫であった。マガツワタリヒコはウガヤフキアエズ第一六代の御代に討伐されたがそのまま大和に逃げ込み、宇陀の豪族になっていたのである。ナガスネヒコは天神ニギハヤヒの子孫を名乗って広大な宮殿を建てて民を苦しめていたが大震災の機に乗じ、ついに天皇を僭称(せんしょう)するまでにいたった。

ウガヤフキアエズ第七一代の皇子であるイツセが災害救援のために宇陀に入ろうとした時、ナガスネヒコが置いていた伏兵に矢の雨を射かけられた。イツセは、追いかけてきたナガスネヒコに、その素性を問いただしたところ、天神ニギハヤヒの子孫だとして証拠の矢を見せた。しかしイツセはその矢がニギハヤヒを祭る神社の御神体で盗まれたものだと気付き、改めて戦いを再開した。

イツセは味方のはずの豪族の裏切りで戦死した。イツセの弟サヌは丹波国タキ宮(現・兵庫県篠山(ささやま)市)で兄の訃報(ふほう)を聞き、各地に派遣された皇族を集めてナガスネヒコ討伐軍を組織した。

サヌは本物のニギハヤヒの子孫であるウマシマヂの協力を得てナガスネヒコを追い詰め、ついに自決させた。サヌの二人の兄、イナヰとミケイリヌはシラヒト海軍との戦いで入水してサヰモチの神となり巨大なワニの姿でシラヒトの軍船をすべて沈めてしまった(サヰモチとはサメを意味する古語)。

戦闘終結後、七一代天皇は戦没者を神に祭るとともにイツセに第七二代ウガヤフキアエズを追号し、サヌに譲位した。

サヌの子タギシミミは父が多忙な間、宮中で留守居をしていたが不審な行ないが多くなったため、三人の弟たちから正体を疑われた。弟たちは宮中の兄が偽者であることを知り、これを退治した。偽のタギシミミはノマ（野猫）という怪物が化けたものだった。やがて帰ってきた本物のタギシミミは皇位を継ぐことなく、奥羽（東北地方）の山中に籠って医術を修め、民を病から救って回った（宮中のタギシミミは本物だったが、ノマに憑りつかれたため弟たちがやむなく殺した、という異説もある）。

ウガヤフキアエズ第七三代となったサヌは大和に遷都して新たな国づくりを進めた。それによりウガヤフキアエズの襲名も廃止された。以上がウガヤフキアエズ王朝終焉の顛末である。

●鎌倉時代に大友能直が編纂した？

『上記』の編者は鎌倉時代の筑後豊前豊後守護・鎮西奉行の大友能直（一一七二〜一二二三年）とされる。キリシタン大名として有名な大友義鎮（宗麟、一五三〇〜一五八七年）の祖先である。大友家は藤原氏だが、一説に能直は源頼朝の庶子だったという。

『上記』の付録として伝えられた記録の内、能直の文とされる「上ツ文ハシガキ」と、能直の臣下の朝倉入道信舜(しんしゅん)の著とされる「ウエツフミのクドキ」「上ツ記目録」などによると、本書の編纂は次のいきさつで行なわれた。

平安時代末、常陸国新治郡(にいはりぐん)(現・茨城県南部)から古書が朝廷に献上されたが平清盛によって焼き捨てられた。しかし、その断片は梶原景時(かげとき)により守られ、能直へと伝えられた。

能直は九州の任地で高千穂大宮司家の文書と日向国主藤原基雄(もとお)の文書を手に入れた。それらの文書は奇妙な文字で書かれていたが、幸い景時から伝えられた新治郡の文書にその解読法が示されていた。

能直は古代史復元のためのチームをつくり、信舜をそのチームの要(かなめ)とした。彼らは出雲・常陸・伊豆・尾張・伊勢・摂津・肥後・阿波・薩摩・筑前・豊前などの旧家から古書を集めた。また、豊後・日向・肥後などの各地から古老を招き、丁寧にもてなしてはその昔話を聞き書きしていった。古代史復元チームの中には海外の史料を求め、漢土(中国)、オルシ(ロシア)、月氏(げっし)(インド)からカラン(オランダ)、フランスリ(フランス)、インキリ(イギリス)などの遠方まで足跡を残した者もいた。

古老の中には山中の隠れ里で神となった先祖に会ったと証言する者もいた。能直はその老人の案内で自ら山中に分け入り山の神に学んだ。山の神の教えは、能直がそれまで編纂を進めてきた歴史書の内容と一致していた。それにより能直は自分の史書編纂の方針が誤っていなかったことを知ったのである。こうして完成したのが『上記』であった。

『上記』は長らく埋もれた書物となっていた。その写本がたまたま大友家の流れをくむ豊後国大野郡土師(はじ)村（現・大分県大野郡大野町）の旧家・宗像(むなかた)家に残されていた。宗像家の写本は、幸松葉枝尺(さちまつはえさか)（一八一二〜一八七八年）という国学者によって写され、さらに幸松が大分県内の文人たちに宣伝したことで多くの写本が生じた。それらを総称して宗像本系という。現在、現代語訳などで活字化されている『上記』テキストはすべて宗像本系のものである。

また、これと別に明治七年（一八七四）、海部郡臼杵(うすき)福良村（現・大分県臼杵市）在住の大友淳という人物の家から出てきた写本、いわゆる大友本がある。大友本は宗像本系と用語などの違いがある異本だが、虫食いや欠落箇所が多いこともあっていまだ活字化されていない。現在、大友本は、大分県立図書館が所蔵している。

『上記』の存在が知られるようになったのは明治一〇年（一八七七）、大分県出身の士族・吉良義風（?～一八八一年）が『上記鈔訳』という和綴本を著してからである。ただし、当時、中央の人士には大分県内での『上記』各種写本の存在が知られていなかったことと内容の奇抜さとから、吉良に『上記』偽作者という濡れ衣が着せられたのは気の毒な展開であった。

ところで史実における能直は一時的に九州に下向したことはあるものの結局、任地には守護代を置き、自分は京と鎌倉の間を頻繁に行き来していた。その逝去も京都でのことである。大友家が豊後に移住したのは能直の孫にあたる頼泰（一二二二～一三〇〇年）の代以降のことである。

つまり史実に照らし合わせてみれば能直が豊後国に留まって史書を編纂したという

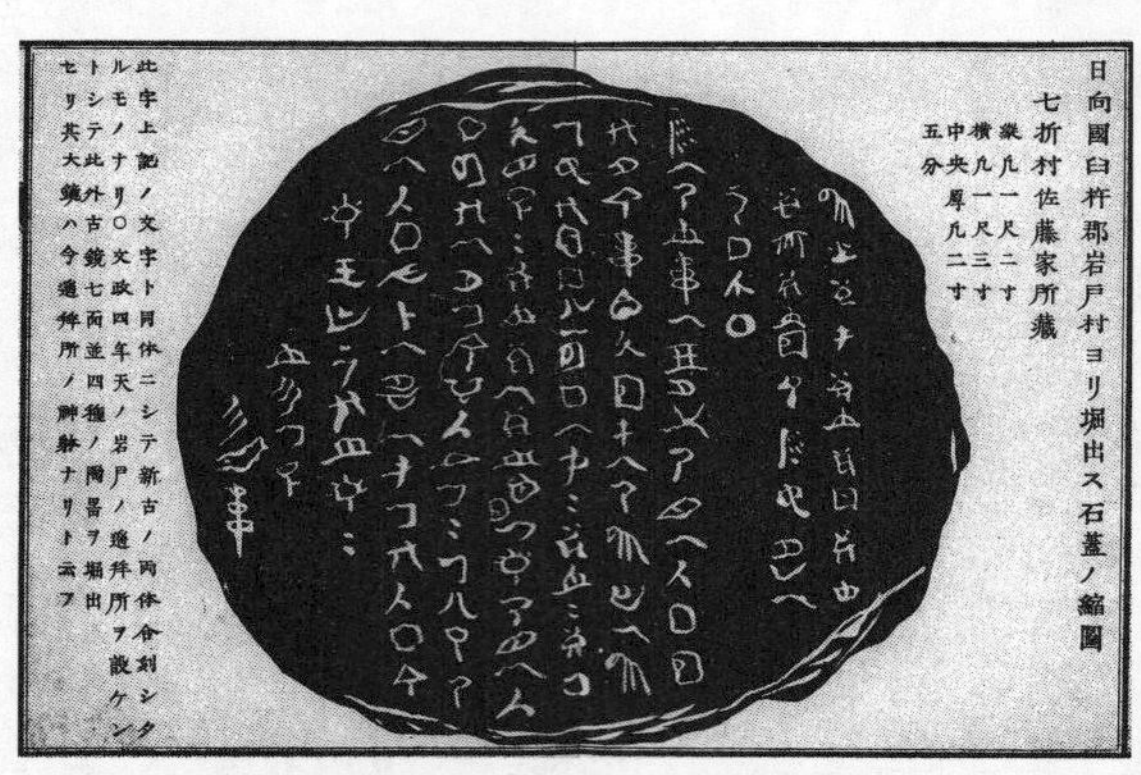

岩戸村（現・宮崎県高千穂町）の石に刻まれていたとされる上記文字
出典：国立国会図書館

『上記』の由来譚は成立しえないことになってしまうのである。大友能直編というのは事実上の作者による仮託（かたく）と見るべきだろう。

●他の多くの文書と共通する記述がある理由

さて、ウガヤフキアエズ王朝の記述があるのは『上記』だけではなく『竹内文書』『富士宮下文書』『九鬼文書』にもあることはすでに見てきた通りである。

また、その他に『神伝上代天皇紀』という古記録がある。吾郷清彦によると、これは福岡の古書店で発見されたもので巻頭に「明治二十五年五月十三日」とだけ記されており、発見者の調査でもその来歴はわからなかったという。

その内容はアメノオシホミミ・ニニギ・ホホデミとウガヤフキアエズ朝七三代の幽中御名（神霊としての名という意味か）、宮の所在、御陵（ごりょう）の所在を列記したものである（この記録でのウガヤフキアエズ王朝第七三代は「日高佐野」と記されており、神武天皇を意味するものと思われる）。

かつて、いわゆる古史古伝ファンの間では、複数の文書がウガヤフキアエズ王朝記事を残しているということは、それが実在した可能性が高いことを示していると解釈されてきた。

また、実在を唱える論者の間でも、ウガヤフキアエズ王朝の実態については縄文人の王朝、日本列島に定住する前の日本民族の祖先がアジア大陸で興した王朝、ウガヤフキアエズ王朝と大和朝廷の接点を神武朝ではなく七世紀におくことで弥生～古墳時代の九州にあった王朝とする説などさまざまな解釈がなされてきた。

ところでウガヤフキアエズ王朝の歴代は世襲名としてのウガヤフキアエズの他にそれぞれ諱(いみな)を有している。

『上記』と『竹内文書』において、その歴代の諱がほぼ重なることは昭和期の研究者によっても注目されてきた。彼らはそれを同じ史実が別々に伝えられたものだとみなしたわけだが、実はその見方では解決できない問題があった。

それは『竹内文書』でのウガヤフキアエズ歴代の諱の漢字表記が『上記鈔訳』とほぼ一致していることである。吉良が訳文の際にあてた漢字表記が『竹内文書』でそのまま採用されているということは『竹内文書』のウガヤフキアエズ王朝記事は、明治一〇年(一八七七)以降に書かれたものとみなさざるをえない。

『竹内文書』『九鬼文書』『神伝上代天皇記』はいずれもウガヤフキアエズ王朝を『上記』と同じく七三代としている。

『富士宮下文書』については、『神皇紀』では、ウガヤフキアエズ王朝の代数も歴代の諱も『上記』とは異なるが、天皇が年齢ごとの食事の量や性交の回数まで指定したという記事は『上記』と共通している。

さらに『神皇紀』に採用されていない『富士宮下文書』の中にはウガヤフキアエズ王朝を七三代とする記述がある。

こうして見ていくとウガヤフキアエズ王朝は『上記』(さらに言えば『上記鈔訳』)から他の文書に伝播(でんぱ)していった可能性が高い。以上についてくわしい考証は、藤野七穂(なお)「偽史源流考」(『歴史読本』二〇〇〇年一月号〜二〇〇一年一二月号連載)で、すでになされたところである。

なお、『上記鈔訳』は本文冒頭で早くもイザナギのことを「伊弉諾天皇」と表記するなど、記紀で皇祖神とされる神を「天皇」として扱う傾向がある。『竹内文書』『富士宮下文書』『九鬼文書』などで、やはり皇祖神を「天皇」として扱っているのも『上記鈔訳』の影響とみなしうる。

●サンカ文字への疑義と、なお残る謎

さて、ここで本項の冒頭に戻ろう。サンカの暗号文字が『上記』の文字と似ているということで、かつては、サンカこそ神代以来の伝承と伝統を守り抜いた人々で

はないか、あるいは『上記』の真の著者はサンカではないかという議論が行なわれたこともあった。

しかし、サンカ文字の存在を世に問うた三角は、戦前からサンカを題材にした小説で有名な作家だった。三角のサンカ小説は煽情的で興味本位の内容のものが多い。『サンカの社会』は、それらの小説と別にサンカの実像を研究論文という体裁で示そうとしたものではあるが、その筆致はしばしばサンカ小説への接近を見せる。その典型が先にあげたサンカ文字発見譚である。

筒井巧は三角の論文に登場する人物の追跡調査を行ない、三角が実際に山住みの人々と交渉を持っていたことを明らかにした。

しかし、その筒井の調べたところでも三角のサンカ論文は多くのフィクションを交えていたという。三角は暗号表について「文字の部分がボロボロになって散り落ちる」と記しているが、筒井は、写真の暗号表にはそのような箇所がないことを指摘する。筒井が行なった追跡調査では、山住みの人々に、サンカ文字について聞いても知らないと答えられたり一笑に付されたりしたという（筒井巧『漂泊の民サンカを追って』現代書館・二〇〇五年）。

三角は昭和四四年（一九六九）の著書『味噌大学』で、三角の生家では神棚に『上記』の文字で記された札が掲げられていて、幼少の頃はそれを拝(おが)んでいたと書いている。それが本当なら、三角はなぜ、『サンカの社会』でサンカ文字と『上記』の文字の類似を指摘しようとしなかったのだろうか。

三角は彫刻家の朝倉文夫(あさくらふみお)（一八八三～一九六四年）と交友があったが、朝倉は大分県出身で、朝倉入道信舜が自分の祖先かも知れないという関心から『上記』の研究を行なっていた。田中勝也（一九三七～二〇一六年）による調査で昭和二〇年代に朝倉が三角に『上記』を貸し出したことも判明している（田中勝也『倭と山窩』新國民社・一九七七年、他）。サンカ文字は『上記』を下敷きにした三角の創作とみなすべきだろう。

しかし、他の古史古伝のウガヤフキアエズ王朝伝承やサンカ文字などが『上記』から派生したものだとしても、その発信源たる『上記』の成立についてはいまだ謎に包まれている。『上記』こそは、古史古伝の世界に謎を問いかけ続けるスフィンクスなのである。

秀真伝

記紀より古い資料とされた五七調の古文書は
「世界を救う書」として名士たちに支持された。
豊富な記述を分析してわかった成立時期とは？

●名編集者が発見した五七調の古文書

昭和四一年（一九六六）八月、『現代用語の基礎知識』創刊にも関わった名編集者の松本善之助（一九一九〜二〇〇三年）は、神田の古書店で『秀真伝』という表題の本を買った。それは美濃紙に見たこともない文字がびっしり書き込まれた写本だった。

松本は、振り仮名を頼りにその写本を読み、それがとてつもない価値を持つ古典だと直感した。この時点で松本が入手した『秀真伝』は端本にすぎなかったが、必死の探索の末、愛媛県宇和島市の小笠原家に『秀真伝』全三巻四〇紋すべてがそろった写本を発見、さらに『秀真伝』の説話を用いた占いのテキスト『神勅基兆伝太占書紀』（以下『太占』）など多くの関連資料を入手した。

また、『秀真伝』と一体となる文献という『三笠文』についても現・滋賀県高島市の旧家・野々村家や龍谷大学図書館でその一部を見つけることができた。

松本の調査により『秀真伝』を世に出したのは安永年間（一七七二〜一七八一年）頃に活躍した近江の神道家・伊保勇之進（和邇估容聰、三輪容聰）であることが判明した。

また、江戸時代には、伊保と同時代の南都（ただし宗派は真言）の僧・溥泉による『春日山紀』『朝日山紀』『神明帰仏編』『仏神本迹弁答』や、京都の天道宮という神社の宮司・小笠原通当（一七九二〜一八五四年）が天保一四年（一八四三）に著した『神代巻　秀真政伝紀』など、『秀真伝』『三笠文』を用いて神代史を考証するという内容の本がいくつか書かれていることもわかった。松本はいわば忘れられた古典を現代に再発見したわけである。

『秀真伝』『三笠文』『太占』の本文はいずれも五七調で、ホツマ文字もしくはヲシテと呼ばれる表音記号によって書かれており、この三つを総称してヲシテ文献ともいう。

松本は『秀真伝』について二つの信念を抱いていた。

ⓐ『秀真伝』は単に記紀より古い史料というだけでなく、漢訳された『秀真伝』こそ、記紀の原史料である。

ⓑヲシテ文献に示されたアメノミチ（天道、天成神道）は現代文明の行き詰まりを打破し、日本を、そして世界を救うものである。

松本は、この二つの信念の考証と、埋もれたヲシテ文献の探索のためにその後半生を捧げたのである。

なお、『秀真伝』および『三笠文』（既発見分）、『太占』のテキストとして最初に商業出版されたのは吾郷清彦訳註『日本建国史　全訳・ホツマツタヱ』（一九八〇年）である。同書には新自由クラブ幹事長（当時）山口敏夫、衆議院議員（当時）中山正暉（まさあき）、國學院大学名誉教授・樋口清之（ひぐちきよゆき）（一九〇九～一九九七年）、法学博士・板橋郁雄、作家・荒巻義雄（よしお）など、錚々（そうそう）たる顔ぶれが推薦文を寄せている。

松本も同じ年に毎日新聞社から『秘められた古代史ホツマツタヘ』、四年後の昭和五九年（一九八四）に同社から『秘められた古代史（続）ホツマツタヘ』を発表。大手新聞社からの出版ということで話題に

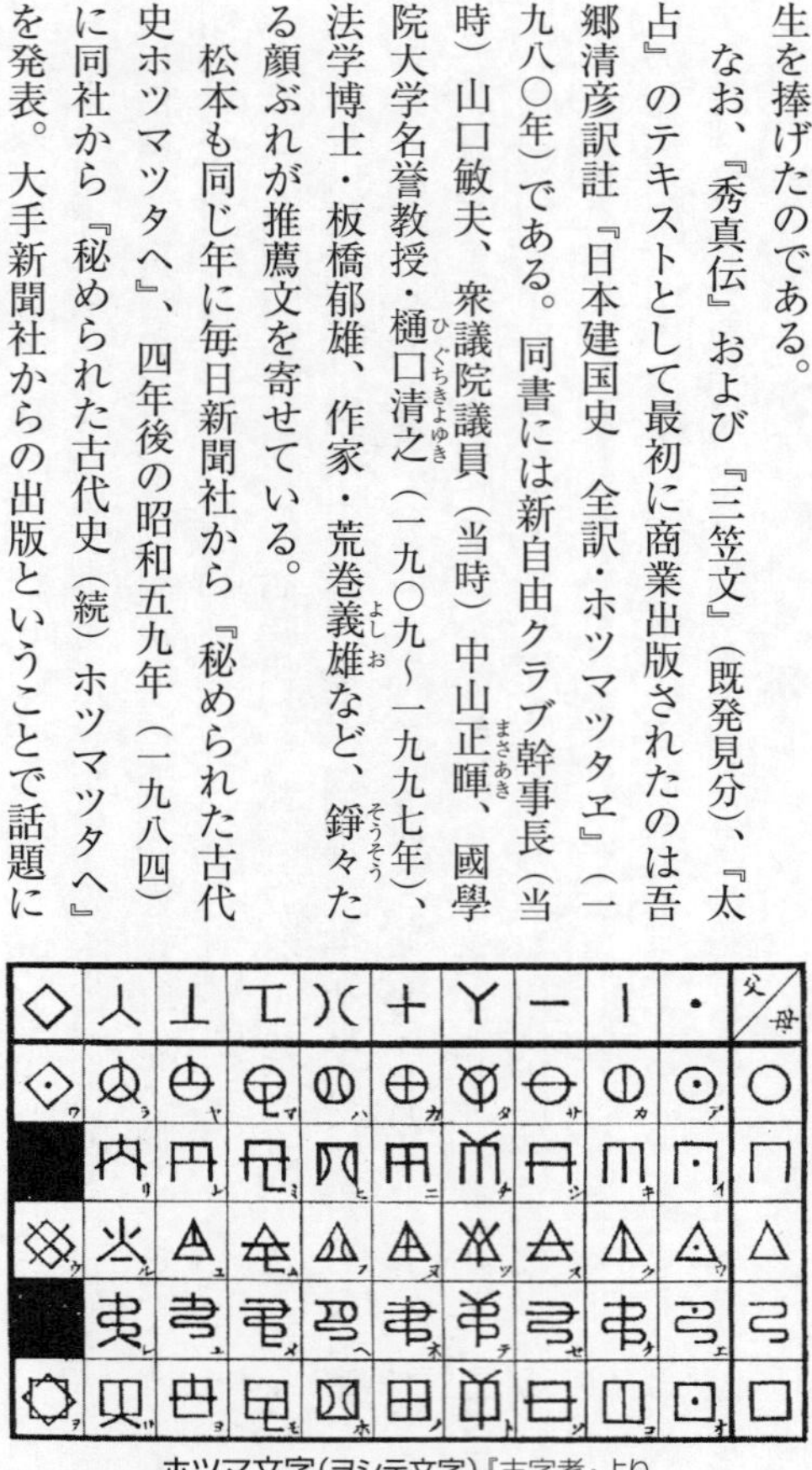

ホツマ文字（ヲシテ文字）『古字考』より

なった。
松本の歿後は、その後継者ともいうべき池田満が精力的にヲシテ文献の研究と著述活動を行なっている。

●豊富な記述は記紀の原資料を意味するのか?

『秀真伝』全四〇紋のうち、第一紋から第二八紋まではウモノヌシクシミカタマ（オオモノヌシ、大物主櫛甕魂命）、第二九紋から第四〇紋まではウタタネコ（オオタタネコ、『古事記』意富多々泥古命、『日本書紀』大田田根子命）という人物が描いたとされる。また『秀真伝』の序文を書いたオオカシマ（大鹿島命）は『三笠文』の著者ともされている。

記紀によるとオオモノヌシは三輪山の神で神武天皇の皇后の父、オオタタネコは大三輪氏の祖で崇神天皇の御代に起きた疫病（えきびょう）を三輪山の神を祭ることで鎮めた神官という。オオカシマは『日本書紀』で中臣氏の祖で垂仁天皇に仕えた大夫とされる。

『秀真伝』本文は次のように始まる。

ソレワカハ　ワカヒメノカミ　ステラレテ　ヒロタトソダツ　カナサキノ

ツマノチオエテ　アワウワヤ　テフチシオノメ　ウマレヒハ　カシミケソナエ
タチマヒヤ　ミフユカミオキ　ハツヒモチ

記紀の原史料という松本の説からすると『秀真伝』は天地開闢から始まりそうなものだが、実際にはその第一紋は、「ワカヒメ」という女神がカナサキという神に育てられ、成長して結婚するまでの話である。

先の引用はその女神が幼少期にいったん親から捨てられ、カナサキに拾われて、その妻の乳を与えられ、アワワチョチチョチ（赤ん坊をあやすしぐさ）と育てられて三歳（ミフユ）になると髪置きという子どもの長寿を祈る行事を行なって正月の餅を食べ……という内容で、ここからワカヒメが経験する年中行事のことや、成功したワカヒメが歌の力で虫を払ったり、見染めた青年に歌でプロポーズしたりしたことなどが語られていく。

第二紋は「オシヒト」という神が結婚する前にタカギ（『日本書紀』の高木神、タカミムスビのこと）に結婚式でお神酒を呑む（つまり三々九度の盃のこと）由来を聞くという導入でイサナキ・イサナミの結婚の故事が語られる。

第三紋はその続きだが、第一紋での「ワカヒメ」が記紀のヒルコにあたる神で、生まれてから、いったん両親のイサナキ・イサナミの手を離れ住吉の神であるカナサキに育てられたという事情がようやくここでわかるというわけである。

そして、「オシヒト」が記紀でのアメノオシホミミ（アマテラスの子、ニニギの父）であることがわかるのは第一一紋になってから、その婚姻が語られるのは第一二紋になってからである。

ちなみに『秀真伝』の末尾となる第四〇紋の内容は、ヤマトタケ（『古事記』の倭健命、『日本書紀』の日本武尊）の東国遠征からの帰途での死と、景行天皇による東国行幸である。そもそも『秀真伝』『三笠文』自体が、ヤマトタケの功業を後世に伝えるために景行天皇の勅命で書かれた書物だったという。

『秀真伝』の内容は必ずしも時系列順に配列されているわけではない。また、五七調のリズムを優先するあまり固有名詞を省略したり、説話の内容を記紀よりも簡潔にすませたりしている箇所がある。

それでも何とか意味がとれるのは読者である私たちの側に記紀神話などの知識があるからである。

一方で神社の縁起、行事の由来、神道や歌道などのこまごまとした取り決めなどの記述は記紀よりもはるかに多い。たとえば、第一紋の内容は大阪市の住吉大社、兵庫県西宮市の広田神社、西宮神社（えびす宮総本社）の由来譚となっている（『日本書紀』では住吉大社、広田神社の由来は神功皇后と結びつけられており神代まで遡るとはされていない。また西宮神社の由来は記紀にはない）。

また、第四〇紋によると生前のヤマトタケを模した像がメクロの里に安置されたという。『江戸名所図会』巻三（天保五年＝一八三四年刊）には、目黒不動尊（現・東京都目黒区の瀧泉寺）の本尊が実は日本武尊の像である、とあるので『秀真伝』は神社のみならず寺院の縁起をも取り込んでいることになる。

『秀真伝』が記紀の原史料とは考えにくい。松本は、漢訳の過程で『秀真伝』の重要な伝承が省略され、記紀のような形式になったと説いたが、むしろ『秀真伝』の方が記紀神話をベースに本来神話にはない習俗や信仰に関する記述をつけ加えたものとみなした方が妥当だろう。

●狂言や浄瑠璃の影響も

『秀真伝』について従来の研究者が、記紀と異なる特徴としてしばしば取り沙汰してきたのは、高天原がヒタカミ、すなわち東北地方にあったとされていることと、記紀のアマテラスにあたるアマテルが男神であることである。

高天原ヒタカミ説は東北地方の縄文文化と関連付けられて解釈されてきたわけだが、実は『秀真伝』での高天原神話は主に伊勢や近江など近畿地方東部で展開しており、ヒタカミの具体的地理に関する記述は乏しい。

ヒタカミが高天原にされたのは日が昇る方角である東と万物の始まりを示す北にまたがるという観念的理由で、真の作者の土地勘は近畿地方にあったとみるべきである。

『秀真伝』第七紋には、アメヤスカワ（神話上の高天原を流れるとされる天安川、『秀真伝』の地理観では現・滋賀県の野洲川）で、ワカヒメが武装してソサノオ（記紀のスサノオ）を出迎え、その心の清明さを問う儀式を行なうくだりがあるが、これは記紀神話ではアマテラスの役割である。つまり『秀真伝』はアマテルを男神としながら、アマテラスが有していた女神としての面をワカヒメに振り分けたことになる。『秀真伝』のアマテルは男神で一二人の后妃を持ち、その妃同士の嫉妬の念がヤマタカシラノヲロチ（八岐大蛇）になったとしているが、このようなドロドロした展開は神話というより近世の浄瑠璃（じょうるり）を思わせる。

実際、『秀真伝』第九紋には、熱に苦しむイナダヒメのためにソサノオが着物の袖を裂いて腋開（わきあけ）にするというエピソードがあるが、これと同じ場面は近松門左衛門

（一六五三〜一七二五年）の浄瑠璃『日本振袖始』（享保三年＝一七一八年初演）にあり、その表題にまでなっている（腋開は振袖の別名）。また、第八紋には、カタマロ（伏見稲荷大社の神官・荷田家の祖神とされる）が、キクミチという狐の妖怪を退治するために鼠を油で揚げたものを餌にしてキクミチをおびき出すくだりがあるが、狂言『釣狐』（室町時代成立?）においても狐を釣る餌には、油で揚げた鼠が用いられている。

さて、『秀真伝』本文の最初の一句は先に引用した通り、「ソレワカハ」である。これは『古今和歌集』に紀淑望（?〜九一九年）が付したとされる真名序（漢文調の序文）の冒頭「夫和歌者」そのままである。『古今和歌集』の仮名序（紀貫之によるとされる和文調の序文）と真名序はどちらも、和歌に天地をも動かし鬼神の心にも通じうる力があると説いており、中世の説話集ではしばしば、歌の力で神仏から利益を得たという歌徳説話を見ることができる。

室町時代以降、歌道の世界では『古今和歌集』の歌を読み解く秘伝という古今伝授が流行したが、その相伝に用いられたという切紙（メモ）にも、歌徳説話めいた記述がある。

なお、第一紋で、ワカヒメが恋する相手への求婚に用いた歌は「ナガキヨノ　ト

ヲノネフリノ　ミナメザメ　ナミノリフネノ　ヲトノヨキカナ」（長き夜の　遠の眠りの　皆覚め　波乗り船の　音の好きかな）だったとされる。

この歌は回文で『秀真伝』の説話上は贈られた相手が贈り主の願いを断ることができないメグリウタという呪術だったとされる。

しかし、実際には江戸時代のおまじないで、正月一日の夜にこの歌を添えた七福神の絵を枕の下に敷いて寝ると良い初夢が見られるとされたものであった。この歌に限らず『秀真伝』に語られる行事やおまじないには近世由来のものが多い。

さらに第三九紋では、東北地方で景行（けいこう）天皇への反乱を起こした族長ミチノクが、ヤマトタケの臣タケヒ（『日本書紀』の大伴武日連（おおとものたけひむらじ））から何の暦を使っているかと問われてイセノコヨミと答える場面がある。

そこから皇祖神を祭る伊勢神宮の暦を使っている以上、朝廷に逆らうのはおかしいという理屈でミチノクを降伏させるのだが、伊勢暦の発行と配付が始まったのは寛永八年（一六三一）とされており、景行朝に伊勢暦が出てくるのは時代錯誤もはなはだしい。

『秀真伝』、ひいてはヲシテ文献が、古代神話の世界ではなく中世・近世の文芸の世界に根ざしていることは明らかである。

●新たなステージに入った『秀真伝』の研究

ヲシテ文献をテーマとする著書は数多く出版されているが、従来のものに関して言えば、そのいずれもが前に挙げた松本の信念ⓐ、もしくは信念ⓐⓑ双方を共有するものである。

私はかつて、研究者たちのその信念がかえって『秀真伝』がアカデミックな研究対象となることを妨げていることを批判した（原田実「『秀真伝』は三度蘇る」『季刊邪馬台国』第八七号、二〇〇五年四月）。

平成三〇年（二〇一八）五月、『神代文字の思想―ホツマ文献を読み解く』という書籍が平凡社から出版された。著者の吉田唯（ゆい）は、昭和五八年（一九八三）生まれという研究者としては若い世代である。

吉田の研究手法はヲシテ文献を扱うのに、松本らの解釈に頼らず、江戸時代の溥泉や小笠原通当まで遡って、その実際の成立に近い時期の読み方を求めようとするところにある。

吉田の登場によりヲシテ文献研究はようやく松本のドグマを脱し、新世代の手に委ねられた感がある。今後の動向に期待したい。

カタカムナ

上古代人は、宇宙のあらゆる事象を読み解く現代人より優れた高度文明を築いた…。驚愕の事実を記した原典はどこにあるのか？

●謎の文字で書かれた巻物の書写を解読！

科学者・発明家の楢崎皐月（ならさきこうげつ）（一八九九～一九七四年）は、終戦直後のある時期、兵庫県六甲山系の金鳥山（きんちょうざん）の穴蔵に籠って大地電気の測定を行なっていた。

ある時、猟師姿の男が楢崎を訪ねてきて、泉に変な装置を置かれると獣たちが水を飲めなくなるから撤去（てっきょ）しろと迫った。

その男はカタカムナ神社宮司の平十字（ひらとうじ）と名乗った。やがて平は楢崎と意気投合し、カタカムナ神社の御神体という巻物をノートに書き写すことを許された。

そこには、楢崎がそれまで見たこともないような文字を渦巻状に配置したものが並んでいた。

楢崎は戦時中の満洲で蘆有三（らおさん）という道士から聞いた話を思い出した。それは、古代日本にアシア族という高度な文明を持つ人々がいて不思議な鉄をつくっていた。

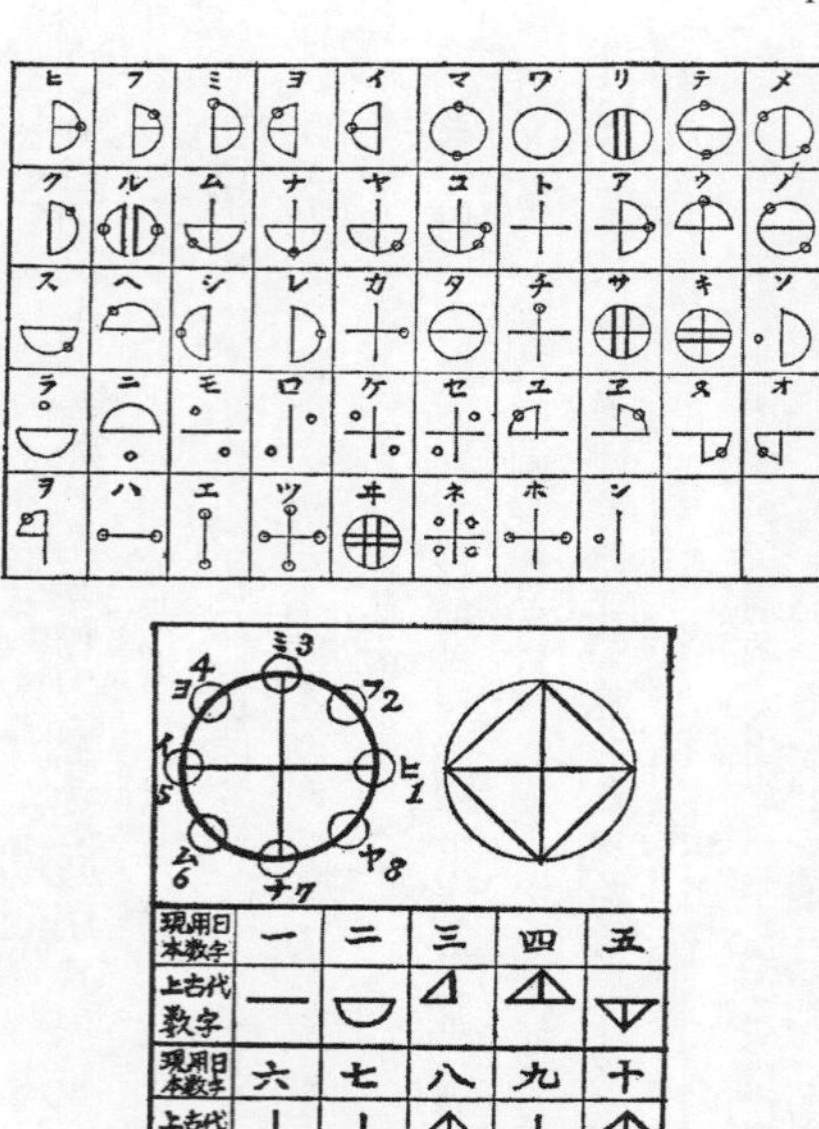

アシア族が使っていたカミツ文字

アシア族が使う文字は八（や）鏡（かがみ）文字、カミツ文字などと呼ばれたというものだった。

平の話では、この巻物はかつてアシアトウアンという族長が祭っていたものだった。アシアトウアンは天孫族との戦いに敗れ九州まで落ちのびて死んだ。平はそのアシアトウアンの末裔として残された巻物を守ってきたのだという。

楢崎は、この巻物こそアシア族の遺物であり、それに用いられている文字がカミツ文字だと気づいたのである。楢崎は苦心の末、自らノートに書写した文字の解読に成功した。これが『カタカムナ』の由来である。

●現代科学を超えるカタカムナ文明

『カタカムナ』とは、日本上古代人が、宇宙のあらゆる現象事象を発現させている「潜象（せんしょう）」の存在を直観した物理であり、『カタカムナ』に基づくカタカムナ文明こそが、人類の歴史上で文明と呼ばれるに最もふさわしいものであった。

楢崎が解読した『カタカムナ』は、五七調の歌の形になっていた。そして、そこには物質や生命の構成単位や天体の運行に関する法則、イヤシロチ（生命が繁栄する場所）とケガレチ（生命が衰（おとろ）える場所）の見分け方などの科学知識や、医療、石材加工、農業、木材加工法、製鉄、鍛冶（かじ）、機織（はたおり）、商業など各種の実用技術が記されていた。それらは現代科学の相対性理論や量子力学の矛盾をも解消する高度な洞察だったという。

たとえば製鉄法としては次の歌がある。

カムナガラ　オロシホムロギ
カナメヤキ　ホコネクシカネ
タルミタメ　カタシフキミチ
カムヒルメ

「オロシホムロギ」とは山頂から吹き降りる風（オロシ）を利用して炉をつくること、「カナメヤキ」とは鉱石の要（金芽）を焼いて鉄を取り出すこと、「ホコネクシカネ」とは火の床で鉄鉱石を変容させること、「タルミタメ」とは溶けて流れ落ちる鉄を溜めることだという。

なお、『カタカムナ』には土器づくりに関する記述はなかったという。楢崎によると、カタカムナ文明を築いた人々は縄文人や弥生人とは異質の存在だったという。また、『カタカムナ』には、記紀神話の神名や用語がしばしば登場するが、それらはもともとカタカムナ文明の科学用語だったものが原義を忘れられて神話に取り込まれたものだという。たとえば、イサナギ・イサナミというのはもともと時間と空間の始まりにあった粒子性と波動性を意味している。また、記紀では国名とされているサヌキ・アワは、電子と、電子に反する電荷と粒子性を持った正孔（陽電子）を意味しているという。

カタカムナ文明の叡智は日本語や記紀神話、皇室の儀礼の中に断片的に伝えられていた。天皇家はかつてカタカムナ文明を滅ぼした側の人々の子孫だが、その一部を盗むことで皮肉にも現代までその痕跡を残す役割も果たしたのだという。

楢崎は『カタカムナ』に基づいて植物波農法や人体波健康法といった新技術を開

発したがいずれも事業化に失敗した。

楢崎の死後、『カタカムナ』の研究は弟子の宇野多美恵（一九一七〜二〇〇六年）が率いる相似象学会に引き継がれた。

極左の活動家・評論家として「爆弾教祖」「ドラゴン将軍」などのあだ名で知られた太田龍（一九三〇〜二〇〇九年）は、一九七〇年代末からその革命理論の見直しを始め、日本民族主義者・レプティリアン（爬虫類型宇宙人）陰謀論者としての晩年を迎えるにいたったが、その転向の契機となったのは『カタカムナ』との出会いだった。

また、今世紀に入ってからは船井総合研究所創業者・船井幸雄が『カタカムナ』に関心を持ち、平成一六年（二〇〇四）には自ら『イヤシロチ』（評言社）という著書を世に問うている。

●カタカムナ神社宮司・平十字の正体は？

さて、平十字という人物やカタカムナ神社の存在を証明しうる史料は見つかっていない。カタカムナ文明の遺跡や、古代におけるカミツ文字の実在を示すような史料・金石文も見つかってはいない。

楢崎とその門下は、遺跡や文字遺物などの物的証拠にこだわるようでは『カタカムナ』の真実はわからない、と主張していたが、それは実証に耐えられないことの言い訳である。

楢崎は生前、『カタカムナ』の訳文を公表するのみで彼自身が写したというノートを公開しようとはしなかった。

ノートが初めてコピーとして公開されたのは相似象学会の機関誌『相似象』九号（一九七九年三月）においてだったが、それで判明したのは楢崎が生前に公表した『カタカムナ』はノートと対応していないということだった。

つまり、ノートが本当にカタカムナ神社御神体の巻物を書写したものだったとしても、楢崎はそれと異なるダミーを『カタカムナ』だと言い張って流布していたことになるのだ。

また、楢崎が植物波農法・人体波健康法のテキストとして昭和三三年（一九五八）に著した『静電三法』には、「日本の上代人（じょうだいじん）」の観念に関する考察があるが、そこには『カタカムナ』への言及は一切見られない。

楢崎が残したノートは『カタカムナ』の写本というより草稿（そうこう）だったとみなすべきだろう。つまりは現在、『カタカムナ』として流布しているものは楢崎の創作というわけである。

　アシアトウアンのモデルは伝説的な陰陽師（おんみょうじ）で、安倍晴明（あべのせいめい）（九二一〜一〇〇五年）のライバルとされる蘆屋道満（あしやどうまん）であろう。アシアトウアンと天孫族の争いは、『金烏玉兎集』『宇治拾遺物語』や江戸時代の浄瑠璃などで語られた晴明と道満の争いを上代に遡らせたものと思われる。

　蘆有三の「蘆」の字は「アシ」と読める。カミツ文字の基本構成は円と十字の組み合わせである。つまり蘆有三と平十字はアシア族とカミツ文字を擬人化したものと解釈しうる。

　私は平成一四年（二〇〇二）夏、六甲山系を歩いて、楢崎の山籠りの跡をたどったことがある。楢崎が金鳥山山中で何らかの体験をしたということはありうる。『相似象』によると、楢崎は生前、人から狐つきではないかと言われると「狐とは気通根だ」とうそぶいていたという（気の流れが通じる根源という意味か）。

　また、金鳥山を下りた後の楢崎が、また平十字に会おうとしても、狐の足跡が見つかるばかりで手がかりさえなかった、ともいう。

　あるいは楢崎自身、『カタカムナ』は狐に化かされて得られたものと割り切っていたのかも知れない。

南淵書（なんえんしょ）

スサノオは人類の祖先で、出雲朝は中国、韓国を含む大陸を治めていた…。その奇書が昭和のクーデターに深く関わった事情とは？

●「広開土王碑文」全文が記載された書

昭和八年（一九三三）一月二六日、東京帝国大学文学部国史学科主任教授の黒板（くろいた）勝美（かつみ）（一八七四〜一九四六年）は、学生から質問を受けた。

「『南淵書』に記されている永楽（えいらく）大王の碑文は信用できるでしょうか？」

黒板は答えた。

「『南淵書』は十分信用できるものとはいえない」

永楽大王とは高句麗（こうくり）第一九代の広開土王（こうかいどおう）（好太王、在位三九一〜四一三年）のことである。広開土王が現・中華人民共和国吉林省集安（きつりんしょうしゅうあん）市に残した巨大な碑には、その四面すべてを使って約一八〇〇字の碑文が刻まれている。そこには広開土王が朝鮮半島南部に侵攻してきた倭（わ）を撃退した、という記事があるため、日本史の立場から注目された金石文である。

その拓本が日本にもたらされたのは明治一六年（一八八三）のことだが、残念ながら、当時、すでに風化や損傷で読めなくなっていた文字が多かった。ところが『南淵書』という文献には、欠落がない広開土王碑文全文が引用されていたのである。

このやりとりがきっかけで、学者たちの間で改めて『南淵書』なる文献の内容の真偽をめぐる議論が生じた。その『南淵書』の所有者であり、版本を世に出した人物は権藤成卿（一八六八〜一九三七年）という。

権藤は激怒した。必ず、傲慢な歴史学者を屈服させなければならないと決意した。権藤は「制度学」を家伝とする「制度家」を称していた。彼は国家よりも原初的な制度である社稷を中心として社会を立て直そうとしていたのである（社稷とは土地の神と穀物の神の祭祀のこと、転じて国家の意味にもなるが権藤は独自の用法を行なっている）。それだけに彼は国家ありきの姿勢で歴史を語る傲慢さに敏感だった。

権藤は『歴史公論』昭和八年（一九三三）四月号で「南淵書がどうして私の家に伝はつたのか」という談話を発表、「偽書ならば偽書としての確固たる証拠を指摘されるといふ外に要求はない」としながら、黒板はじめ『南淵書』を偽書と疑う歴史学者を「日本歴史だけを特殊特別の様に考へて有り難がり聖徳太子をかつぎまわつて、飯を食つてゐる様な人達」と断じた。

また、同じ談話で権藤は「『南淵書』中にある好太王の碑、これは今日の拓本は非常に残欠が多い。その残欠に南淵書にある碑文をはめ込むときつちり合ふのである。この事実をどうみるか」と歴史学界を挑発した。

権藤としては『南淵書』に、歴史学界の注目が集まること自体は望ましかっただろう。それは権藤が一一年来、抱き続けていた宿願であった。

大正一一年（一九二二）五月、権藤は公爵・一条実輝（一八六六～一九二四年）の仲介を得て、摂政宮皇太子（後の昭和天皇）に『南淵書』を献上した。

『南淵書』は、中大兄皇子（後の天智天皇、六二六～六七二年）と中臣鎌子連（後の藤原鎌足、六一四～六六九年）の師である南淵先生（南淵漢人請安）の講義録として鎌子によって記されたものとされる。

『東京朝日新聞』大正一一年七月一二日付朝刊ではこれを「政道の秘書を献上す・一条公の手を経て摂政宮へ・老儒が命懸で・考証した民本主義の経典」と報じた。

ちなみに「民本主義」とは大正時代におけるdemocracy（民主主義、民主制）の訳語で、いわゆる大正デモクラシーのスローガンであった。

また、この時期にはその「快挙」に合わせて『南淵書』の刊本も出版された。

ところが権藤の期待に反して『南淵書』献上は大きな話題とならず、その刊本も歴史学界から黙殺された。以来、権藤は『南淵書』の真実を世に示す機会を待っていた。その願いがようやくかなえられたわけである。

●出雲朝はアジア広域を支配していた？

『南淵書』の内容は次のようなものである。

人祖（人類の祖先）が現れたのは北溟（北の彼方の海もしくは砂漠）であった。民に農耕を広めて衣食住を整え、舟をつくって交易を始めた者を、民は敬って「素王」と呼んだ。すなわちスサノオである。

素王の七代の子孫・オオナムチは韓国では桓因（朝鮮国祖・檀君の祖父）、インドでは提桓因（帝釈天の別名）、漢では軒轅（中華の国祖・黄帝の別名）と呼ばれた。文中では、これらは同音とみなされ、それらの国々がすべてオオナムチの出雲朝から生じたものであることを意味しているとされる。出雲朝は現・島根県の地方政権などではなく大陸の広域に広がる国家だった。

しかし、治世がうまくいくようになると怠惰で贅沢に溺れる者も出てくるようになる。そこで橿原天皇（神武）は出雲氏の媛を娶り、武力を振るって制度を立て直さなければならなかった。

漢人は歴史書に文飾するので彼らの史書に信を置きすぎてはいけない。たとえば魏志で大和を女王国としたのは活目天皇（垂仁）の和名イクメの「メ」に「女」という字をあてての誤解である。また、幼武天皇（雄略）の国書（『宋書』での倭王武の国書）に四方の国々を征服したとあるのも漢人の造作である。

朝鮮半島の高麗（高句麗）や新羅は出雲朝から分かれた国だった。しかし、それらの国もやがて道を失った。秦始皇帝の子孫で朝鮮半島にいた功満王が高麗に攻められ逃げ惑っていた時、大鷦鷯天皇（仁徳）は救援の兵を朝鮮半島に送って迎えさせた。

永楽大王は大鷦鷯天皇の軍と戦ったが勝つこと能わず和睦せざるをえなかった。このことは、『南淵書』では碑文に「王倭の屈せさるを知り、遂に和を議し兵を引て城に還る」とあると記されている（実際の広開土王碑文にはこの一文はない）。

天皇は制度を守るもので、それができない者が皇位につくと国は乱れる。その典型が眉輪王の乱（父親が安康天皇に暗殺されたことを知った眉輪王が安康を刺殺した事件。四五六年とされる）だった。この事件で、大臣や皇子たちまでが国家をないがしろにしたため、幼武天皇が武断を以て事を収めたので心無い者たちから大悪天皇と誹謗された（「大悪天皇」は『日本書紀』に実際に出てくる言葉）。

そして今、蘇我氏が大逆無道の政(まつりごと)を行なわんとしている。公子（中大兄皇子）は「刀を操れば必ず割き斧を執れば必ず伐る」の覚悟を以(もっ)て天に則(のっと)らなければならない……。

『南淵書』は南淵先生が中大兄皇子に蘇我氏へのクーデターを勧め、それこそが天の道、聖人の政に至る手段だと宣言するところで終わっている。

権藤によると、『南淵書』は鎌子の子孫である大中臣氏と藤原氏に伝えられた。その後、大中臣家は壬申(じんしん)の乱（六七二年）で近江京が滅びた時に野に下(くだ)った。元禄(げんろく)年間（一六八八〜一七〇四年）に大中臣友安(ともやす)が権藤宕山(とうざん)に上中下三巻の『南淵書』を伝授し、以来、権藤家の秘書となった。

一方、藤原氏の本は一条家に伝えられたが、応仁(おうにん)の乱（一四六七〜一四七七年）で失われてしまった。権藤が一条実輝に皇太子への仲介を頼んだのはその縁によるという。

●戦前は右翼、戦後は左翼の教本に…

さて、ようやく『南淵書』に学界の目が向けられてからも事態は権藤の思うようには進まなかった。

『歴史公論』は、権藤の談話を載せた翌月の昭和八年（一九三三）五月号で「問題の南淵書批判」を特集し、そこで『南淵書』が現代（当時）の偽作であることは完膚なきまでに暴かれてしまった。

『南淵書』の文書の形式は七世紀としてはありえないものであり、奥書を書いた人物の官職もそれが書かれたとされる時代の律令に合わないものだった。制度学者を名乗っていた権藤は、実際の上代の制度に裏切られる形になったわけである。

それ以上に致命的なのは、広開土王碑文の引用だった。実は、現存の広開土王碑には、角の損傷でまるまる一行分欠けた箇所がある。『南淵書』での引用が、本当に全文が残っている時代に写したものなら、その一行が記されているはずである。ところがそれは『南淵書』の引用にも含まれていなかった。『南淵書』の広開土王碑文引用が近代の拓本から捏造されたことは明らかだった。

こうして『南淵書』真偽問題は、歴史学界からは、広開土王碑文研究史の一小話として決着をつけられてしまった。

南淵先生の講義は、明治・大正期の日本における日本民族起源論争や邪馬台国論争、「倭の五王」比定論争などを踏まえての仮説を南淵先生の口を借りて語っている感がある。広開土王碑文もその流れで取り入れられたものだろうが、そのために馬脚を現してしまったわけである。

さて、権藤は黒龍会などの右翼結社から支持されており、同時代的には右翼思想家と目されていた。

しかし、社稷による自治を皇室に優先させるという権藤の発想は、右翼思想の枠に収まらないものでもあった。東京朝日新聞の見出しで『南淵書』が「民本主義の経典」とされたのはそのためだろう。

さらに戦後しばらく経つと今度は左翼の側から権藤の再評価が始まる。昭和五二年（一九七七）、権藤名義の著書『自治民政理』（一九三六年）と『訓訳・南淵書』（一九三二年）の合冊が出版されているが、その版元になったのはアナキズム系団体の黒色戦線社だった。

しかし、権藤の理想がいかに興味深いものであろうと、彼はその理想を実現する方策として『南淵書』の本文が示すように暴力的な手段しか見いだせなかった。

海軍青年将校が決起して犬養毅（いぬかいつよし）首相を殺害した五・一五事件（一九三二年五月一五日）や、陸軍青年将校が官庁を占拠し、高橋是清（たかはしこれきよ）大蔵大臣や齋藤實（まこと）内大臣ら高官や警察官を殺害した二・二六事件（一九三六年二月二六〜二九日）の公判記録を読むと、青年将校運動の関係者が、権藤名義の著書や『南淵書』を読んでいたという記述がしばしば見られる。

河野有理は昭和八年(一九三三)に『南淵書』が学界から注目された要因として五・一五事件の影響を挙げている(河野有理『偽史の政治学』白水社・二〇一六年)。『南淵書』がクーデター使嗾の書であった以上、それを真に受けて実行しようとする者が出ることは避けられなかった。

そもそも、皇太子に『南淵書』を献じたということは、権藤が自らを南淵先生に、皇太子を中大兄皇子に擬し、暗にクーデターで国家の敵を討つよう勧めたことになる。しかし、昭和天皇はそのような軽挙に乗る人柄ではなかった。二・二六事件において昭和天皇は激怒を隠そうとはせず、軍や警察もその意向を受けて「反乱軍」を徹底的に鎮圧した。

その翌年、権藤は静かに世を去った。彼が『南淵書』の偽作を認めることはついになかった。

大成経（たいせいきょう）

――聖徳太子と蘇我馬子が編纂したとされる。江戸時代に禁書とされたが、当時から今日まで人々を惹きつけるその内容とは？

●幕府禁制の全七二巻に及ぶ大書

延宝（えんぽう）七年（一六七九）、江戸の大手版元・戸嶋屋惣兵衛の店から大部の本が刊行された。その総題は『神代皇代大成経』、別名を『先代旧事本紀大成経（せんだいくじほんぎ）』という（以下『大成経』）。

『大成経』は、小野妹子（いもこ）と秦河勝（はたのかわかつ）が平岡宮（現・大阪府東大阪市出雲井町の牧岡神社か）と泡輪（あわ）宮（不明）で神から授けられた土簡（はにふだ）（タブレット）に基づき、聖徳太子と蘇我馬子が編纂した史書と称するもので、全七二巻に付録二冊という膨大な冊子から成っていた。内訳は次の通りである。

付録一：序文、付録二：目録、巻一：神代本紀（天地開闢と祭祀の発祥）、巻二：先天本紀（偶生神（ぐういきがみ）七代の記事）、巻三：陰陽本紀（イザナギとイザナミによる国産み・

神産み神話）、巻四：黄泉本紀（黄泉国神話）、巻五～六：神祇本紀（アマテラス・ツクヨミ・スサノオ三貴子の出生）、巻七～八：神事本紀（アマテラスの天岩戸神話）、巻九～一〇：天神本紀（ニギハヤヒ降臨神話）、巻一一～一二：地祇本紀（出雲神話）、巻一三～一四：皇孫本紀（ニギハヤヒの子孫の事績）、巻一五～一六：天孫本紀（ニニギ降臨と日向神話）、巻一七～二二：神皇本紀（神武～神功）、巻二三～二八：天皇本紀（応神～武烈）、巻二九～三四：帝皇本紀（継体～推古）、巻三五～三八：聖皇本紀（聖徳太子伝）、巻三九～四四：政教本紀（神道教理）、巻四五：祝言本紀（祝詞）、巻四六：天政本紀（政道）、巻四七～四八：太占本紀（占い）、巻四九～五二：暦道本紀（暦学）、巻五三～五六：医綱本紀（医学）、巻五七～六〇：礼綱本紀（礼楽）、巻六一～六二：詠歌本紀（歌集）、巻六三～六六：御語本紀（名語録）、巻六七～六八：軍旅本紀（兵法）、巻六九：未然本紀（後述）、巻七〇：憲法本紀（後述）、巻七一：神社本紀（神社目録）、巻七二：国造本紀（国造制定記録）

その刊行はたちまち話題となり、『大成経』は、学者や神官、僧侶などの間で広く読まれるようになった。

ところが天和元年（一六八一）、幕府は『大成経』を禁書として、出回っていた版本を回収し、戸嶋屋惣兵衛を追放刑に処してしまった。

出版に関与した神道家・長野采女（永野采女、一六一六～一六八七年）と黄檗宗の禅僧・潮音道海（一六二八～一六九五年）、伊雑宮（現・三重県志摩市磯部町）の神官らも流刑となった。

ただし、潮音は桂昌院（五代将軍・綱吉の生母。一六二七～一七〇五年）の帰依も厚い高僧だったため、上州（現・群馬県）に身柄を移されるにとどまった。

それから九〇年後の明和八年（一七七一）、京都の本屋仲間が作成した『禁書目録』でも売買禁止目録、絶板（絶版）目録の筆頭で共に『先代旧事本紀』の名で『大成経』を掲げており、『大成経』への弾圧が続けられていたことがうかがえる。

もっとも、わざわざ『禁書目録』に名が挙げられるということは密かな需要があったことをも示している。

●国家の宗廟を脅かす記述

なぜ、幕府は『大成経』を禁書としたか。そこには日本の宗廟（朝廷の祖先を祭る社）である伊勢神宮が関わっていた。

伊勢神宮は皇祖神アマテラスを祭る内宮（現・三重県伊勢市宇治館町）と、豊穣神トヨウケを祭る外宮（現・伊勢市豊川町）から成る。中世には外宮側が、トヨウケは万物を生み出す神だから外宮は内宮より上位にあると主張したこともあった。

その争いに割って入る形になったのが、現在は伊勢内宮の別宮扱いになっている伊雑宮である。伊雑宮は幕府に対して、伊雑宮こそ真の日神の宮であり、内宮・外宮よりも上位にあるという内容の文書を幕府に提出し、万治元年（一六五八）に内宮からクレームをつけられたことがある。

そして『大成経』には、「神社本紀」などに、五十宮・内宮・外宮を三宮として、五十宮こそ、アマテラスの本来の御鎮座地であり、三宮の筆頭である、という記述がある。伊雑宮の神官たちは、伊雑宮はかつて磯宮とも呼ばれていたと唱えていたため、『大成経』は伊雑宮こそ真の日神の宮であるという主張を裏づける形になった。

そこで伊勢神宮の内宮・外宮は『大成経』は伊雑宮の陰謀によって偽作された文書だと幕府に訴えたわけである。

相手が国家の宗廟となれば幕府もその訴えを無下にはできない。こうして『大成経』は禁書にされた。また、その禁書がらみの処罰対象に伊雑宮の神官が加わったのはそのためであった。

さて、『先代旧事本紀』といえば代表的なものは国史大系（明治時代に編纂された日本史の基礎史料集）にも入っている十巻本である。その撰者は聖徳太子に仮託されているが、実際には平安時代初期頃の偽書で実際の編纂には物部氏の関係者が関わっていたと推定されている。

『先代旧事本紀』一〇巻本は後に全三〇巻の「旧事紀訓戒」、全三一巻の「鷦鷯伝（さざき）」など、さまざまな異本を生んだ。『大成経』もその異本の一つであり、さらに、それら異本の中でも最大の規模を持つものとして位置づけられる。

●一九九〇年代、ふたたび注目された理由

『大成経』は禁書になったにもかかわらず、多くの読者を獲得し続け、さまざまな方面に影響を与えた。

たとえば江戸時代の類書（百科事典）の一つ『和漢三才図会（わかんさんさいずえ）』（寺島良安（てらじまりょうあん）編著、一七一二年）に「天逆毎（あまのざこ）」という魔神の項目がある。スサノオが吐き出した邪気から生まれた女神とされるが、この表記の神は記紀に登場するものではなく『大成経』を出典としている。

諦忍（たいにん）（一七〇五～一七八六年）の『天狗名義考（てんぐ）』（一七五四年）において天逆毎は「日本ノ天狗ノ元祖」とされるので、結果として『大成経』は天狗伝説にその影を落と

すことになる。

江戸時代に出現するいわゆる神代文字について、よく「ヒフミヨイムナヤコト」で始まる四七音のいわゆる「ひふみ歌」に配列されることがあるが、この「ひふみ歌」の初出も『大成経』である。『大成経』には神代文字そのものは出てこないが後世の『神代文字』作者には大きな影響を与えたことになる。

ヲシテ文献の再発見者である松本善之助は『大成経』と『秀真伝』に近い記述が多いことに着目し、『大成経』を偽書として軽んずるのは間違いだと主張していた。しかし、ヲシテ文献の成立を江戸時代とする立場から見直せば、その内容の類似は『秀真伝』の下敷きに『大成経』が使われていたことを示すと見てよいだろう。

比較的最近では、一九九〇年代末に、二つの方面から『大成経』リバイバルの動きがあった。

その焦点になったのはそれぞれ「憲法本紀」と「未然本紀」である。

「憲法本紀」は聖徳太子の憲法制定を記したもので、神儒仏三教一致の建前に貫かれていた。そこには政家憲法（為政者の心得）・儒士憲法（儒者の心得）・釈子憲法（僧侶の心得）・神職（しんしょく）憲法（神官の心得）・通蒙（つうもう）憲法（役人と大衆の心得）の五通り各一七条の憲法が記されている。

『日本書紀』に記されたいわゆる十七条憲法はこのうちの通蒙憲法に対応する（ただし文面は一部異なる）。

平成一〇年（一九九八）、当時の国民的歌手・三波春夫（一九二三〜二〇〇一年）は『聖徳太子憲法は生きている』という著書を世に問うた。ここでいう聖徳太子憲法とは『日本書紀』ではなく『大成経』に依拠する五憲法であった。

ちなみに三波は、ニュースキャスター・筑紫哲也（一九三五〜二〇〇八年）が司会するテレビ番組にタレント・永六輔（一九三三〜二〇一六年）と共に出演した際、聖徳太子の五憲法を紹介し、すべての人にあてはまる教えということで筑紫、永らと意気投合したという。

また、時代は遡るが景教（キリスト教アッシリア東方教会、いわゆるネストリウス派）研究の日本における第一人者だった佐伯好郎（一八七一〜一九六五年）は昭和二九年（一九五四）に『聖徳太子五憲法』の表題で「憲法本紀」を小冊子として刊行している。

佐伯が秦氏景教徒説を唱えていたことと『大成経』序文で秦河勝がその成立に関与したとされていることを考え合わせると想像が膨らむが、実際には当時、佐伯が廿日市町（現・広島県廿日市市）の町長を務めていたため、熱心な太子信仰者の町会議員のために名義貸しをしただけのようである。

「憲法本紀」において、釈子憲法は他の四つよりも抑圧的な内容となっている。厚く仏法に帰依していたはずの太子が書くような内容ではないことは確かである。

一方、「未然本紀」は聖徳太子が予見した一〇〇〇年後の未来のことまで「歴史」として書き記したという体裁の巻である。

これが聖徳太子未来記（中世の文献でしばしば言及される聖徳太子の予言書）と混同され、さらにいわゆるノストラダムスの大予言のタイムリミット「一九九九年七の月」が近づく中で新たな依存先を求めていた予言解読者たちの間で、聖徳太子こそノストラダムス（一五〇三～一五六六年）を凌ぐ予言者だった、という文脈で取り沙汰されるようになったものである。

「未然本紀」では、一〇〇〇年後に「神君」が現れ諸国を平定して一つの世にする、諸国の君が家族を質に差し出して太平の世となる、とされている。二〇世紀末日本の予言解読者たちは、これを来るべき世界統一政府の実現と読み解いたわけである。

しかし、現代において、国家元首の家族を人質にとることで成り立つ世界政府など平和な統治というより悪の帝国だろう。

聖徳太子の時代から一〇〇〇年後といえば徳川幕府成立の時代である。神君は徳川家康（一五四三～一六一六年）の死後の尊称であり、幕府が諸侯の妻子を人質にとる形で幕藩体制が成り立ったことを思えば、「未然本紀」の記述が徳川幕府の成立を意味することは明らかだ。

そして、江戸時代中期に書かれた本に徳川幕府成立の記事があっても、それが未来の予言などではないことは言うまでもない。

●物部神道としての『大成経』

実は『大成経』の漢文体には明代（一三六八～一六四四年）の俗語表現が交ざっていた。そのことからだけでも『大成経』が聖徳太子の時代に遡りえないことは明らかであった。

さて、『大成経』偽作の動機については江戸時代以来、伊雑宮の宣伝のためという説が有力とされてきた。

しかし、歴史民俗学者の佐藤喜久一郎はこの問題について新しい視点を提供している。それは偽作の主犯と思しき長野采女の立場に注目するものである。

采女は上州沼田（現・群馬県沼田市）の出身で、その祖先は箕輪城（現・群馬県高崎市箕郷町）の城主だったが、永禄九年（一五六六）、武田信玄の猛攻で箕輪城が落城するとともに没落した。

だが、長野家には代々、「物部之家伝」として七〇巻あまりの秘密伝授の書が伝わっていた。采女はそれに基づいて物部神道という一派を起こすのだが、どうやらその秘密伝授の書と称するものが『大成経』の下敷きになったようなのである。

物部神道は榛名山信仰と結びつく形で上州に広められた。天明三年（一七八三）に出された『榛名山志』では榛名山の神はニギハヤヒ・元湯彦命・ウマシマヂだとされるが、ニギハヤヒは物部氏の祖神で、ウマシマヂはその子として伝えられる神である。

そして元湯彦命は『大成経』に出典がある神である。「皇孫本紀」によると元湯彦命は父に従って東国征伐を行ない、用明天皇の御代（五八五〜五八七年）に榛名山で満行権現として示現したという。

つまり江戸時代には、榛名山信仰について采女の物部神道、ひいては『大成経』を取り込んだ解釈が流布していたということである。

先述のように『先代旧事本紀』一〇巻本成立には物部氏の関与がうかがえる。『大成経』がその異本という形式をとったことは、内容に物部氏の伝承を取り込んだということでもある。

また、潮音も身柄預かり先の上州で、黒瀧山不動寺（現・群馬県甘楽郡南牧村）を開いて黄檗宗黒瀧派を興すだけでなく、その寺を拠点として『大成経』伝授を行なっている。

こうなると上州に下ったのは処罰というより潮音本人の希望だったのではないかと思えてくる。

つまりは采女の物部神道普及により上州には『大成経』を受け入れる地盤ができていることを見込んでの移転である。

上州を中心として一連の経緯を考えると、采女や潮音が『大成経』を出した目的は上州の風土を背景とした物部神道の普及であって、伊雑宮は利用されただけという見方も可能である（佐藤喜久一郎『近世上野神話の世界』岩田書店・二〇〇七年）。

『大成経』は禁書とされてからも多くの読者を獲得し続けた。そしてその命脈は現代まで続いているのである。

伊未自由来記(いみじゆらいき)

明治時代に発見された古代隠岐の歴史書。さまざまな出自の民族や神々の覇権争い、朝廷との関係を記したその目的とは？

●全国に紹介された島根県の郷土史

かつて、日本の出版界に『万葉集(まんようしゅう)』を朝鮮語で読む、という内容の本が次々と大手出版社から出版され、ベストセラーとなったことがある。一九八〇年代後半に生じた珍事だが、その著者たちが復元したと称する古代朝鮮語＝古代日本語はいずれも検証に耐えるものではなく、学問的にはなんら成果も残さぬまま、それらの書籍は忘れ去られていった。

しかし、ここで取り上げる『伊未自由来記』が世に出たのは、まさにその古代朝鮮語＝古代日本語説ブームのおかげと言ってもよい。

『日本語の悲劇』（一九八六年）、『万葉集の発見』（一九八七年）などのヒット作を出した古代言語研究家・朴炳植(パクビョンシク)は柿本人麿(かきもとのひとまろ)の伝説を訪ねて島根県松江市に居を構えたことがある。その時期、古代出雲研究で知られる郷土史家の速水保孝(はやみやすたか)から珍しい史料を提供された。それは島根県の沖合に浮かぶ隠岐諸島の古代史について記したものだった。

朴は、その史料を読んで、日本以上に韓国の学界に大きな波紋を起こすものだと認め、さっそく著書『スサノオの来た道』（一九八八年）で、その内容を掲載したのだった。

こうして、それまでは島根県の郷土史家の間でわずかに話題となるだけだった『伊未自由来記』が華々しい全国デビューを飾ったというわけである。

●古代隠岐で起こった民族間の激しい攻防

『伊未自由来記』によると、隠岐に最初に住み着いたのは木の葉比等という人々だった。彼らは「加羅斯呂触」もしくは「韓之徐羅国」という国から島の北西部に渡ってきたという。木の葉比等は、毛皮の上から木の葉を木の皮で綴ったものを着ており、後世の伝説では木の葉爺・木の葉婆などと妖怪化されて伝えられた。

木の葉比等は甘い団子を好んでつくり、その団子づくりの歌は後世まで杵取歌・子守歌として伝わっている。

木の葉比等が隠岐を開拓し、織物や造船などの産業も興すようになった後、今度は全身に刺青を入れた人々が渡来してきた。木の葉比等は当初こそ警戒していたが漁業が得意な新来者たちと交易や雑婚を始め、そのうちに木の葉比等は新来者に同化してしまった。この新来者を阿麻（海人）といい、その指導者を於佐の神という。また、阿麻人たちは隠岐のことを小斯凝呂島と呼んだ。

於佐の神が海賊との戦いで死んだ頃、出雲の山祇神が隠岐の於母の島（隠岐諸島・島後）に来航して宮を建てた。それ以降、隠岐では水田を開いての米づくりが始められるようになり、人々は、これも山祇様のおかげと各地に山祇神を祭り始めた。

やがて出雲国を奪った於漏知が隠岐を襲って財宝を奪い、人々を苦しめるようになった。於漏知は蹈鞴を踏んで鉄製の武器をつくる技術があったため、次第に強力となっていった。三つ子の島（隠岐諸島・島前）の人々は、山祇神を頼って於母の島に移住した。於漏知も於母の島の東側に拠点を置いて、山祇神の宮を東西から挟み撃ちにするような形勢をとった。

追い詰められた山祇神の一族は、阿麻人の本国である流宮（龍宮）の加須屋（現・福岡県糟屋郡？）の大海祇神に救援を求めた。

大海祇神の命を受け、救援軍を組織したのは大人様と呼ばれる人物だった。大人様は多くの軍兵を率い、武器・農工具・種子・薬品などの物資を兵船に積み込んで流宮から隠岐に急行した。

大人様は於母の島に陣を構えて於漏知と戦ったが、出雲と連携をとっている於漏知は手ごわく、五代にわたって対峙し続けることになった。

六代目大人様は、三つ子の島の於漏知が衰(おとろ)え始めたのを見て取り、出雲に渡って大山祇神の姫君を娶るという奇策に出た。

そして於母の島に戻ると、島の東側を於漏知から奪還(だっかん)し、宮を島の西側から東側に遷して陣容を改めた。そして於母の島の住民と大海祇・大山祇の援軍とで一丸となって於漏知の勢力を一掃したのである。

六代目大人様は、地公命(つちぎみ)、奈岐命(なぎ)、奈岐浦命、諾浦命(なぎ)などと尊称された。また、その子孫は全島海部大神と呼ばれて栄えた。

天津神の御子である美豆別之主命(みづわけのぬしのみこと)が、久米部(くめべ)（朝廷麾下(げいか)の戦闘集団）や多くの職工たちを引き連れて隠岐の開拓にやってきた。美豆別之主命は諾浦命から国を譲り受け、その姫君を娶って新たな宮を建てた。

美豆別之主命の治世での隠岐は平穏で、越・丹波・但馬・出雲などとの交易も盛んになった。さらに隠岐は、それらの地と韓国との中継港として大いに栄えることになった。

美豆別之主命は、地域ごとの管理は山祇神や諾浦命の一族に任せ、自らは年三回全島を巡回するという統治を行なっていたが、やがて出雲で大戦が起こったため、出雲の大山祇の支持を得ていた山祇神の勢力が失脚してしまった。代わって隠岐の航海をとりしきることになったのは、出雲のアジスキタケヒコネの御子で、丹波の須津姫を娶っていた奈賀の命（中言神、那賀命ともいう）である。奈賀の命が農耕を勧め、開墾や溜池づくり、道路新設、漁船建造などを進め、丹波から織女と薬師を招いて織布と薬草栽培を奨励したことで隠岐の島民の生活は一気に向上した。

朝廷の支配が隠岐に及ぶようになってからも美豆別之主命と奈賀の命の後裔は部民や屯倉の管理を任されることで実質的な統治を続けた。

神功皇后が三韓を討った際には、美豆別之主命の後裔である伴首命が兵船の管理を任され、さらに隠岐全島の久米部を率いて従軍したために韓国から多数の財宝を持ち帰ることを許された。

応神天皇の世に至り、億岐（隠岐）国造が新たに朝廷から派遣されてきた。隠岐の部民たちは国造に遣えるために再編されることになった（この後も『伊未自由来記』の本文は続いていたとされるが現存テキストでは失われている）。

●原文は一五世紀に記された？

『伊未自由来記』の発見者は金坂亮（かなさかりょう）という人物である。明治四三年（一九一〇）一一月、島根県隠岐国隠地郡五箇村（ごかむら）（現・隠岐の島町）在住、電報局勤務だった金坂は知人の安部廉一の来訪を受けた。安部は甥の古木連丸から借り出してきたという古書や刀剣を金坂に見せた。その古書の多くは森一郎という人物の所有だったものが森の死に際し、古木の手に渡ったものだった。

そして、『伊未自由来記』はその古書の中の一冊であった。その表紙には表題の他に「永享辛亥（しんがい）三年霜月持福寺隠居一閑記」という署名と「持福寺蔵」という黒印があった。その本文は難解な漢字の羅列だった。

安部が見せた古書には、他に『億岐国風土記』なるものがあったが、安部によると『伊未自由来記』の内容はその風土記とも呼応するものがあり、どうやら貴重な史料らしいという。金坂は、電報の廃棄着信の裏側に鉛筆で安部による『伊未自由来記』解読を鉛筆で速記した。

金坂は一時、大阪に引っ越したことなどもあってそのメモのことを忘れていたが、昭和二五年（一九五〇）、故郷で倉庫を整理している時にそれを見つけた。しかし、そのメモはすでに末尾の部分が失われていたという。

金坂はそのメモを清書し、昭和三〇年（一九五五）五月二七日に隠岐国分寺本堂で開かれた隠岐郷土研究会で新史料の発見を報告した。その年の一一月、金坂はその清書に入手のいきさつを記した序文を添えた。金坂六六歳の時のことである。金坂のメモに基づく『伊未自由来記』の内容は『隠岐郷土史研究』昭和三二年版に掲載された。それが速水を通じて朴にもたらされたわけである。

ちなみに永享三年霜月（一一月）は、西暦では一四三一年一二月五日から一四三二年一月四日にかけてである。つまり金坂の記した由来を認めるなら本来の『伊未自由来記』は一五世紀成立を主張していたことになる。

朴の著書が出て以降の『伊未自由来記』解説書としては大西俊輝『山陰沖の古代史』（近代文芸社、一九九五年）がある。

●隠岐自治政府成立の影に『伊未自由来記』あり？

大西の考証によると『伊未自由来記』表紙にある「持福寺」は、かつて都万村（現・隠岐の島町）にあった円流山（もしくは円満山）持福寺という浄土宗寺院だという。

その近くにあった高田神社（隠岐郡隠岐の島町都万）は一六社大明神とも呼ばれ、主祭神のイザナギとスサノオの他にいくつもの神を合祀しているが、その中に「以水自姫命(みじひめ)」の名がある。

大西によると隠岐郡代・斉藤勘助が著した『隠州視聴合紀』（一六六七年）に、『隠州神名帳』からの引用として「従五位上　伊未自姫明神」の存在が記されているので中世もしくは近世まで、イミジヒメという女神を主祭神として祭る神社があったことは間違いないという。

『伊未自由来記』という名称は、この文書がもともとイミジヒメ関連のものだったことを示すものとみなしてよいだろう（安部が金坂に見せたという段階で、イミジヒメがどのような扱いとなっていたかはもはや謎だが）。

ところで、隠岐は幕末から明治初頭にかけて数奇な道を歩んだ地域である。この島々は幕藩体制崩壊の嵐の中で、わずかな間とはいえ島民たちによる自治政府をつくったことがあるのだ。その一連の事件は「隠岐騒動」と呼ばれる。

中沼了三（一八一六～一八九六年）は、隠岐国の医師の家に生を享け、京で山崎(やまざき)闇斎(あんざい)（垂加翁。一六一九～一六八二年）の学統に学んで大成した人物である。了三は孝明(こうめい)天皇の侍講(じこう)を務め、その勅命により大和十津川に文武館を建てた（現・奈良県立十津川高等学校）。また、多くの薩摩藩士を門人として指導し、鳥羽伏見の戦い（一八六八年）では薩長側の軍師（参謀）に迎えられている。

中沼の門人には同郷の師を頼る隠岐出身者もいた。彼らの中には松江藩頼みでは郷里を守れないからと帰郷して尊王攘夷思想を広めようとする者も現れた。

隠岐の尊王派、自称・隠岐正義党は、慶応四年（一八六八）三月一九日に決起し、郡代を島から追放してしまった。隠岐正義党は郡代追放後、自治政府をつくった。松江藩は、武力で隠岐奪還を図ったが、新政府は、恭順した松江藩と隠岐正義党との対立が深まるのを好まず調停を行なった。

結局、明治二年（一八六九）の隠岐県設置を以て自治政府は解散、自治政府関係者は帰農した。実は、安部廉一（青年時代の名は安部運平）、森一郎、古木連丸らは皆、元自治政府関係者で隠岐正義党の活動家だったのである。

大西は隠岐騒動とその直後に隠岐で生じた廃仏毀釈運動を一連の世直しとしてとらえ、『伊未自由来記』は廃仏毀釈で壊された寺から出てきたものではないかと推測している。

しかし、隠岐騒動と『伊未自由来記』の関係については別の推測も成り立つように思う。あるいは『伊未自由来記』は、隠岐自治政府関係者がナショナリズムに目覚め、隠岐の地と朝廷との関係を再構築するために生みだした建国神話だったのではないか。安部は若き日の夢の名残を金坂に託したのかも知れない。

但馬国司文書（たじまこくしもんじょ）

――アメノホアカリ神が丹後に降臨、出雲の権威を借り、大和に匹敵する三丹地方を開く…。古代王権の記述が今もロマンをかきたてる。

●平安時代、国府収集史料をまとめた書

大正一一年（一九二二）七月、桜井勉（一八四三～一九三一年）はその晩年を捧げた事業に一応の完成を見た。桜井は元官僚で、内務省勤務時代に気象台・測候所の全国配備に活躍し、日本における天気予報の父と言われた人物である。

その桜井が退官後に故郷の出石（いずし）（現・兵庫県豊岡市出石町）で志したのは先祖の事業の継承である。学者・桜井良翰（さくらいりょうかん）（一七一七～一七五七年）は出石領主・仙石政辰（せんごくまさとき）（一七二三～一七七九年）の命（めい）を受けて但馬の故事を書き記し、宝暦元年一二月（一七五二年一月）に、『但馬考』という題で藩に献上した。桜井は祖先である良翰の著書を補い、新たな知見も付け加えた決定版『校補但馬考』をつくろうとしたのである。

但馬国は今の兵庫県北部にあたる。隣接する丹波国・丹後国と併せて三丹地方という言い回しもある。但馬国の地誌・郷土史には俗説が多く、桜井は考証のために

用いる史料の選定に悩まされた。それらの中でも特に桜井を困らせた本がある。
その本は、当時、兵庫県の郷土史家の間で人気が高く、桜井は考証に協力してくれる人たちに、なぜ、その本を史料として採用しないのか、説明を重ねなければならなかったのである。その人気の書は『但馬国司文書』という。

『但馬国司文書』は「但馬故事記」八巻、「古事大観録」六巻、「但馬神社系譜伝」八巻の全二二巻から成る。平安時代に但馬国府が収集した文書に基づき、国学（律令で国ごとに設けた学校）で編纂したものだという。

たとえば「但馬故事記」は、弘仁五年（八一四）起稿、天延二年（九七四）完成と、その編纂に一六〇年もの歳月をかけ、その間には七九回もの書き直しがあったという。

『但馬国司文書』は長らく眠っていたが、文化七年（一八一〇）、但馬国豊岡出身の森与一義高なる人物が京で学んだ折、近衛大将二条愛徳卿の邸宅の書庫にその書を見いだし、その書写を許された。

森の写本はさらに藤屋忠兵衛という人物に写され、さらに藤屋が没落して後に、忠兵衛の写本が浜坂屋藤兵衛の手に渡り、浜坂屋の子孫の藤本家がそれを守った。

明治三八年（一九〇五）、兵庫県豊岡町（現・豊岡市）の小田井県神社宮司・大石

繁正（一八六三〜一九三八年）は、美含郡無南垣村（現・兵庫県美方郡香住町）の藤本家に伝わった『但馬国司文書』の写本を見せられ、明治四〇年（一九〇七）には京の藤本家を訪ねて藤屋忠兵衛の写本と校合した。

明治四一年（一九〇八）、大石が小田井県神社より「但馬故事記」を刊行したことで『但馬国司文書』の存在は郷土史家の間で広く知られるようになった。

なお、兵庫県内では、『但馬国司文書』と類似の内容を持つ本が、神社や個人の蔵書として伝わっている。

『但馬郷名記』『但馬世継記』『但馬秘鍵抄』などでいずれも但馬国府ゆかりの人物の手になるとされており、『但馬国司文書』支持者からは、『但馬国司文書』の傍証として使われることもある。

●出雲を後ろ盾にした三丹王権の樹立

「天火明命は丹後国加佐志楽国に於て、この国を国造大己貴命に授かり、天道姫命・坂戸天物部命・二田天物部命・両槻天物部命・真名井天物部命・嶋戸天物部命・天磐船命・天楫取部命・天熊人命・蒼稲魂命を率ひて、この地に来たり。真名井を掘り、御田を開きて、その水を灌ぎ給ひしかば、即ち垂穂の稲の甘美稲秋の野面にしなひぬ。故、此の地を名づけて、比地の真名井原と云ふ」（「但馬故事記」第二巻「朝来郡故事記」）

『但馬国司文書』では、アメノホアカリという神が、出雲のオオナムチの勅を奉じて、丹後の真名井原（現・京都府峰山町方面）に天降り、三丹地方を開いたという話がくりかえし出てくる。

アメノホアカリは『古事記』及び『日本書紀』の一書で、アマテラスの孫、ニニギの兄として登場する神である。いわばニニギ以上に高天原の正系と称されるにふさわしい神だ。そのアメノホアカリが出雲のオオナムチの勅に従った、ということは、『但馬国司文書』において、出雲が高天原よりも上位の権威とみなされているということになる。

さて、アメノホアカリについては、これを物部氏の祖神であるニギハヤヒ（饒速日命）と同一とする説がある。この説は古く、すでに平安時代初期成立の偽書『先代旧事本紀』一〇巻本に見ることができる。

しかし、記紀にはアメノホアカリとニギハヤヒの混同は見られず、やはり平安時代初期の『新撰姓氏録』ではこの両者をはっきり別神として扱っている。

そこで『但馬国司文書』を見ると、アメノホアカリとニギハヤヒを混同する記述があり、一応は『先代旧事本紀』の流れにあるとみなすことができる。

しかし、アメノホアカリの丹後降臨や、オオナムチの勅は『先代旧事本紀』にない要素である。そこには三丹地方の在地伝承が影響している可能性がある。

『但馬国司文書』において、アメノホアカリと並ぶスターは彦坐王（ヒコイマス）である。ヒコイマスは開化（かいか）天皇（在位紀元前一五七～前九八年）の皇子で、『古事記』の系譜では、垂仁天皇の暗殺を謀った反逆者サホビコの父とされる。

ヒコイマスの事績として『古事記』は、丹波国で「玖賀耳之御笠（くがみみのみかさ）」という賊を討ったことを伝える（『日本書紀』にはその伝承はなし）。

『但馬国司文書』はクガミミノミカサについて「陸耳御笠」という表記で記す。ちなみに『先代旧事本紀』の「国造本紀」は但馬国造をヒコイマスの子孫と伝えているが、『但馬国司文書』では、ヒコイマスが但馬国造の祖となったのはクガミミノミカサ討伐の功績によるとして、その戦闘の詳細を伝える。

クガミミノミカサは土蜘蛛（つちぐも）や匹女（ひきめ）と呼ばれる群盗を率い、丹波から但馬に攻め込んだ。ヒコイマスは軍を率いて三丹各地でクガミミノミカサと戦い、さらに双方とも軍船を繰り出して海戦まで行なった。ヒコイマスは戦いに際して出雲大神を祭り、戦勝報告も出雲の杵築大社（出雲大社）で行なった。

さらにヒコイマスはその戦いにより、オオナムチを思わせる「大国主」の称号を得たという。

アメノホアカリは出雲の支持によって三丹地方を開き、ヒコイマスは大和ではなく出雲に凱旋（がいせん）して但馬の統治を認められる……、『但馬国司文書』からは、出雲の権威を後ろ盾として近畿地方にヤマトと別の王権を建てようとする勢力の存在が透（す）けて見えるようである。さしずめ三丹王権といったところか。

むろん、戦前の郷土史家がヤマトとは別の古代王権という構想を表立って語ることはなかったが、それでも彼らの多くが『但馬国司文書』の持つ妖しい魅力に引き寄せられていたのである。

●『校補但馬考』による偽書判定

桜井の周辺にも、『但馬国司文書』に魅せられた人々がいた。彼らは、桜井に、但馬の歴史の見直しには『但馬国司文書』を用いるべきだ、という意見を寄せ続けた。

桜井は『校補但馬考』の引用書籍目録の末尾に「国司文書なるものあり。（中略）

其書殊に杜撰妄作に属す。故に之を引用せず」と書き加えた。

さらに、彼は、『校補但馬考』全一二巻のうち、第一一巻を「附警」と題し、『但馬国司文書』が（当時から見て）近年の偽作であることを考証した。

桜井は、実証主義で知られる東京大学助教授（当時）・池内宏（東洋史専攻、後に東京大学教授、同名誉教授。一八七八～一九五二年）と、皇典講究所（國學院大學・日本大学等の前身）設立者の一人である井上頼圀（一八三九～一九一四年）という二人の碩学に『但馬国司文書』の分析を依頼した。

桜井は、彼らの学識について「犀角を燃して牛渚を照すが如し」（貴重な犀の角を燃やした灯で牛渚磯という海を照らして水中の怪物を見た、という『晋書』温嶠伝の故事から物事を正確に見極めること）と評している。

実際、桜井が引用する池内、井上の書簡からだけでも『但馬国司文書』の用語・官位記載・制度関係の混乱ぶりは歴然で、これを平安時代の文献とは認めようがない。さらに桜井は、『但馬考』の考証にいそしんでいたからこそ見いだせた問題を二つ指摘した。

一つは、「但馬故事記」第一巻「気多郡故事記」に「讃岐朝臣永直」という人物が「明法博士得業生兼但馬権博士」に任じられたとあることである。

この記事について、井上の書簡でも、永直を出した讃岐氏は「讃岐朝臣」ではなく「讃岐公」であること、得業生は学生の中で優秀な者を意味するから博士との兼任はありえないことが指摘されていた。

ところが桜井は『但馬考』において永直が「讃岐公」ではなく「讃岐朝臣」とされていること、その肩書が「明法博士得業生」とされていること、それが独自の伝承によるものではなく、原史料である『日本三代実録』の記事を良翰が要約及び誤写した結果、生じた記述であることを確かめたのである。

これは『但馬国司文書』の真の作者が『但馬考』を資料に用いない限り生じない錯誤の連鎖である。

また、やはり「気多郡故事記」には、神功皇后が但馬国造の府（役所）を「気多県高田邑」に置かせたという記述がある。これは現・兵庫県豊岡市日高町にあったとされる但馬国府の設置記事である。日高町には現在、但馬国府国分寺館という歴史博物館が建てられ、さらに最近では、その施設と隣接する祢布ヶ森遺跡（九世紀）が、但馬国府に関連した遺構として注目されている。

ところが『日本後記』によると、但馬国府は桓武天皇の延暦二三年（八〇四）に「気多郡高田郷」に、もともと置かれていた場所から移設されている。つまり神功皇后の時代に国府の前身があったとしても、それは気多郡高田の地とは別の場所になければならないのである。

弘仁五年（八一四）から但馬国府で編纂が始まったとされる文献で、編者が、それよりほんの一〇年前の国府移転を知らなかったというのは間抜けな話である。

そして『但馬考』では、この延暦二三年（八〇四）の国府移転記事がすっぽり抜け落ちていた。つまりは、これも『但馬国司文書』が『但馬考』に基づいて書かれており、タネ本の欠落をも引き継いだことを示す可能性が高いわけである。

『校補但馬考』「附警」は、まさに『但馬国司文書』に対する断罪にも等しい文章となった。『但馬郷名記』『但馬世継記』『但馬秘鍵抄』なども『但馬国司文書』と、同じ作者もしくは作成チームの産物とみてよいだろう。

しかし、『但馬国司文書』のロマンは今もなお、三丹地方の一部郷土史家を引き寄せ続けている。

昭和五九年（一九八四）、吾郷清彦は『竹内文書・但馬故事記』（新国民社）という解説書で改めて『但馬国司文書』の存在を世に問うたが、最近では、その吾郷の著書のコピーが郷土史家のネットワークの中で閲覧されているようである。

真清探當証

史実では謎の多い継体天皇の素性を記述。顕宗・仁賢天皇の尾張国在住など、記紀とは異なる歴史観・皇統譜が記される書。

●継体天皇お手植えの淡墨桜？

岐阜県本巣市の根尾谷淡墨公園、それは樹齢一〇〇〇年以上という桜の巨木、通称・淡墨桜を中心に整備された場所である。

淡墨桜は大正一一年（一九二二）に国の天然記念物に指定され、平成二〇年（二〇〇八）にはその種が、宇宙ステーション「きぼう」で、宇宙空間での無重力状態が生物の発育に与える影響を調べるためのサンプルの一つに採用された。

昭和初期、この桜を訪ねて、根尾村を訪ねてきた一人の男がいた。その男は、村役場で居合わせた村議会議員たちに、淡墨桜が継体天皇（在位五〇七～五三一年）お手植えの樹だったということを語った。彼の家には、そのことを記した古記録も伝わっているという。

それまで、その村では、淡墨桜は奈良時代に都からやってきて、この村の祖となった根尾殿という豪族が祖先の墓標として植えたものだと伝わっていた。それが継体天皇の御代となると由来がさらに二〇〇年ほど遡ることになる。

村議会では、古記録の内容を確かめようとその男、土川健次郎が住む愛知県一宮市に使者を出して文書貸し出しを求めた。しかし土川はなかなか首を縦にふらない。

昭和一〇年（一九三五）八月、当時は根尾村にあった海蔵山清徳山願養寺（当時は浄土真宗）の青年住職・清徳暁照（当時二四歳）は村議会の依頼で土川家を訪れた。

その一月前に健次郎は逝去していたが、清徳は遺族から健次郎が古記録に基づいて記した文書を借り出し、それを筆写した後に返却した。清徳はその写本をさらに美濃紙に清書し、上下二巻に製本して村役場に納めた。それが『真清探當証』である（現在は本巣市教育委員会で保管）。

昭和六一年（一九八六）八月、すでに老境に

根尾谷淡墨公園内の樹齢1000年以上といわれる巨木。通称・淡墨桜。（Anesthesia／PIXTA〈ピクスタ〉）

入った清徳は歴史作家の小椋一葉に手紙を出して『真清探當証』の存在を知らせた。平成四年（一九九二）、小椋の著書『継体天皇とうすずみ桜 古代秘史「真清探当証」の謎 伝承が語る古代史四』（河出書房新社）が出版され、『真清探當証』は古代史ファンの間で一時話題となった。

現在、入手容易な版本としては田中豊編『真清探當証 復刻版』（人の森の本・二〇一五年）がある（書名には「復刻版」とあるが実際にはワープロ印刷）。

●尾張・美濃をめぐるもう一つの皇統譜

さて、『真清探當証』の内容に入る前に説明しなければならないことがある。『日本書紀』によると清寧天皇（在位四八〇～四八四年）は自分に皇子がいないために皇統が絶えることを恐れていた。

ところが、かつて即位前の雄略天皇に殺された市辺押磐皇子を父とする兄弟が播磨国（現・兵庫県西部）に隠れていたのを知り、彼らを宮中に迎えた。この兄弟が後の顕宗天皇（弟オケ、在位四八五～四八七年）と仁賢天皇（兄ヲケ、在位四八八～四九七年）である。

その後、武烈天皇（在位四九九～五〇六年）の崩御後、いったん皇嗣が絶えてしまった。

そこで越前国（現・福井県東部）にいた応神天皇五世の子孫が畿内に迎えられて皇位についた。それが継体天皇（オホト、在位五〇七〜五三一年）だとされる。

ところが『真清探當証』によると、後のオケ・ヲケ兄弟が隠れていたのは播磨ではなく尾張国の黒田大神の社だったという。兄弟が畿内を脱出して後、その社にたどりつくまでの間に黒田という地名の場所を通っていたため、黒田大神は紛らわしくないように真黒田大神と名を改めた。後には、さらにその社名が真黒田—真墨田—真清田と改められていった。すなわち、尾張国一の宮とされる真清田神社（現・愛知県一宮市）である。

また、兄弟が真黒田大神の社に匿われている間に、ヲケは豊媛という女性と契りを

真清探當証と日本書紀における表記の違い

天皇・大名	日本書紀	真清探當証
顕宗天皇（弟オケ） 仁賢天皇（兄ヲケ）	播磨国に隠れていた	尾張国の黒田神社の社に隠れていた
顕宗天皇（弟オケ）	在位期間 足掛け３年	在位期間 足掛け13年
継体天皇	応神天皇５世の子孫 越前国にいた	仁賢天皇の子 美濃国にいた
彦大人王	継体天皇の父	継体天皇の母方の祖父

結び、一子オホトを得た。オホトは美濃の根尾谷に隠れていたが、仁賢の即位に際して大和に召し出され、後に継体天皇となったという。

ちなみに『日本書紀』で継体の父とされる彦大人王は『真清探當証』では、継体の母方の祖父とされる。

また、安閑天皇（在位五三一〜五三六年）、宣化天皇（在位五三六〜五三九年）は、継体が美濃国でもうけた皇子だったとする。

さらに、継体は美濃で預けられていた家の主・草平を物部尾越と改名させて都で任官した。後に大連となる物部氏の麁鹿火、尾輿、守屋は、尾越の子どもたちだという。

『日本書紀』における継体の登場は唐突で、現代の古代史学界では継体を新王朝の創始者とみなす説も有力である。

しかし、『真清探當証』は、継体を仁賢の子とすることで皇統の連続性を主張するだけでなく、顕宗・仁賢の播磨潜伏や、継体の越前在住を否定することで『日本書紀』と対立する歴史観・皇統譜を提示しているわけである。

なお、『日本書紀』が顕宗の在位を足掛け三年とするのに対して、『真清探當証』は顕宗即位を皇紀一一三五年（西暦四七五）として、その在位が足掛け一三年にも及んだと説いている。

また、継体は大和に召し出される前に真黒田大神の宮に参宮したが、その際、矢合（現・愛知県稲沢市矢合町）で桜の苗木を買い、根尾谷に持ち帰って植えた。これが淡墨桜の由来である（ちなみに稲沢市矢合町は植木市場があることで有名）。

●『真清探當証』は昭和初期に修正されていた？

ところで真清田神社関連の文献には『真清探當証』とよく似た表題の『真清探桃集』という書物がある。

『真清探桃集』は真清田神社神職で、歌人・国学者でもあった佐分清円（真清田清円、一六八〇〜一七六五年）が、享保八年（一七二三）に著した全八巻六冊（真清田神社蔵、一宮市指定文化財）の書物である。その内容は、真清田神社の歴史沿革祭祀を中心とした百科全書的資料である。

小椋は、『真清探桃集』と『真清探當証』はそれぞれ真清田神社の歴史の光と影を伝える書であり、いわば神社伝承の両輪だったとする。

そして『真清探桃集』が安閑〜宣化についての伝承を欠いているのは、権力による伝承の抹殺が行なわれたことを示すとして、『真清探當証』こそ『真清探桃集』

に先行する伝承であり、清円は『真清探當証』から『真清探桃集』の名をとったものと推定している。

しかし、同じ史料事実からは、小椋と別の推測もできる。すなわち清円が『真清探桃集』を書いた江戸時代中期には、まだ顕宗～宣化を真清田神社と結びつける伝承が存在せず、土川健次郎が『真清探桃集』にない伝承を探り当てたという意味で『真清探當証』という表題をつけたという解釈である。私にはその方が妥当に思える。

さて、『真清探當証　復刻版』には編者の田中が発掘した資料として、山本晧という人物が昭和七年（一九三二）二月二四日付で出した「日本一の名木　淡墨の桜と其伝説」（以下「淡墨の桜と其伝説」）という文章が掲載されている。

その文章には、淡墨桜の発祥について「両三年前に不図した動機から隣県尾張一ノ宮から之れに関する旧記録」が発見されたこと、その記録で顕宗・仁賢の尾張潜伏や継体の美濃潜伏が明らかになったこと、淡墨桜が継体のお手植えだったことなどが記されていた。

山本がいう「旧記録」は一宮市に伝来したとされることやその内容から見て『真清探當証』関連であることは間違いないだろう。両三年とは二年のことだから、その「旧記録」が見つかったのは昭和四〜五年（一九二九〜一九三〇）ということになる。

ところが現行の『真清探當証』と「淡墨の桜と其伝説」の間には些細（ささい）な食い違いがある。

たとえば、顕宗の在位期間について「淡墨の桜と其伝説」は『日本書紀』同様、三年としており『真清探當証』の足掛け一三年説とは異なっている。

また、淡墨桜を植えた際に継体が読んだ御製にしても違いがある。

美の氏路与　生多津桜は　薄住よ　千代を忘るな　民の下駄みよ
（「淡墨の桜と其伝説」）

身の代と　遺す桜は　薄住よ　千代に其の名を　栄盛に止めむ
（『真清探當証』）

つまり『真清探當証』は昭和四〜五年頃から清徳が土川家を訪れる昭和一〇年（一九三五）までの間に推敲（すいこう）が行なわれ、伝承の内容も改められていたことが、うかがえる。

●〝念写の権威〟となった僧侶

さて、『真清探當証』の写本をつくった後の清徳についても述べておきたい。彼が住職を務めた願養寺は浄土真宗の寺院だが、浄土真宗は阿弥陀仏（あみだぶつ）への信仰を第一と説いて、占いや呪術などのいわゆる迷信俗信を忌む傾向がある。

清徳は昭和三一年（一九五六）、大谷大学名誉教授・東海同朋大学（現・同朋大学）学長の稲葉圓成（えんじょう）（一八八一～一九五〇年）の講義を口述筆記した『幸福えの道』という書籍を出している。当時の清徳は浄土真宗の教義を広めるために努力していたようである。

ところが、昭和四二年（一九六七）に願養寺が岐阜市に別院を設け、拠点を根尾谷から移して以降、清徳の布教活動に浄土真宗だけでは説明できない要素が入り始める。

清徳は、昭和五二年（一九七七）頃から折からのオカルトブームに乗り「念写」ができる超能力者としてテレビなどで活躍し始めた。

昭和五六年（一九八一）に清徳は『母をよぶ念写にうかぶ水子霊』という書籍を出版した。その版元は岐阜白龍観音院である。

岐阜市には願養寺岐阜別院の他に、清徳が建立した白龍観音院という祠がある。

その案内板には「全国唯一の仏力霊視念写の総本山」とあり、御堂には、清徳のテレビ出演時の写真も掲げられている。

小椋は、清徳が「〝念写〟の権威」であり、それを応用した治療活動も行なっているとした上で次のように述べている。

「〝念写〟と〝古代秘史〟と――どちらもその故郷は、影の世界であり、いわゆる日陰者である。その両者のうち、彼は〝念写〟を表の世界へ登場させることに力を尽くした。その結果〝古代秘史〟の方は闇の世界に置き去りとなってしまった。そして、心ならずも置き去りにした〝古代秘史〟へ寄せるやみがたい愛が、五〇年を経た今、私を呼び寄せたということなのだろうか」(小椋一葉『継体天皇とうすずみ桜』)

念写や霊視という発想は、浄土真宗の教義からは出てきそうにないものである。清徳が、なぜそうした世界に惹きつけられたのか。あるいは、そのきっかけは、小椋が示唆したように『真清探當証』を介しての「影の世界」との出会いだったのかもしれない。

幣立宮縁起（へいたてのみやえんぎ）

一万五〇〇〇年前の高天原の地は熊本！
ここで応神天皇による粛清が行なわれた…。
空海や日蓮も参拝した隠れ宮の社伝とは？

●神代文字石板がご神体の隠れ宮

平成一九年（二〇〇七）の秋、船井総合研究所創業者・船井幸雄（一九三三〜二〇一四年）は熊本県でのイベントの最中、とある神社を訪れた。

その神社は創建から約一万五〇〇〇年もの歴史を誇り、神代文字を刻んだ石板を神体としているが、長らく隠れ宮として世間からその存在を隠してきたため、一般には無名のままだったのだという。

船井のブログ記事がきっかけとなって、その神社は日本を代表するパワースポットの一つと目され、多くのスピリチュアリズム愛好家が参拝するようになった。その神社こそ、阿蘇「日の宮」こと幣立神宮である。

幣立神宮の所在地は、現・熊本県上益城郡山都町（かみましきぐんやまとちょう）である。その町は中世の肥後（ひご）で阿蘇大宮司家・地方豪族として隆盛を誇った阿蘇氏の居館・浜の館の史跡があることても知られるところだ。以下、その神社の主張を列挙しよう。

幣立神宮の地は、一万五〇〇〇年前に宇宙の神霊により高天原として定められた場所だった。その主祭神は大和民族の源神たる大宇宙大和神(おおとのちおおかみ)とされる。

この神社の神域にはかつて神武天皇、景行天皇、神功皇后らが仮の宮を置かれたこともある。天智天皇は自らこの神社の神域で御製を詠むだけでなく、藤原鎌足にその歴史を調べさせた。鎌足の子孫である藤原定家(ていか)(一一六二～一二四一年)は、幣立神宮での天智御製に始まる小倉百人一首を編んだ(「小倉」とは京都の小倉山ではなく阿蘇山系の「お鞍山」のことだという)。また、弘法大師空海(こうぼうだいしくうかい)や日蓮上人(にちれんしょうにん)も密かに参拝してその足跡を残した。

また、この神社では毎年八月二三日に五色人(いついろひと)祭という祭式を行なっている。これは世界の五つの人種(白人・黒人・赤人・青人・黄人)それぞれの神を共に祭るものである。

幣立神宮には、それぞれの人種を表す五色人の面が伝わっているが、そのうちの一面はユダヤの預言者モーゼの面でもあるとされている。この神社の御神宝にはモーゼがエジプトから逃れる時、紅海に道を開くのに用いた「水の玉」と称されるものもある。

世界の人種を五色人に分類する説やモーゼ来日説は『竹内文書』にも見られるが、波動研究家の江本勝（まさる）（一九四三〜二〇一四年）は、『竹内文書』は幣立神宮の図書館から流出した歴史書ではないか、と推定していた。

さて、幣立神宮が「隠れ宮」となった理由は、かつてこの地を舞台に高天原の乱という動乱があったからだった。幣立神宮に伝わる神言では、次のように語られている。

「日の宮居なる幣立の、神のみ前の神の前、大野の原に今残る、千人塚の神いくさ、応神帝の御宇とかよ、天より降り給ひたる、天の君なる人ありき、父はその名を誰も知る、宿祢よ姓は武の内」

神功皇后と、その臣だった武内宿祢は、いわゆる三韓征伐から帰って後、しばらく幣立神宮に滞在していた。神功の夫だった仲哀天皇はすでに崩御していたこともあり、やがて、彼らは男女の仲となって、天君公（あまつきみこう）という一子を授かった。

仲哀と神功の子である応神天皇（在位二七〇〜三一二年）は、高天原の地で人心を得つつある弟が、自分の皇位を脅（おびや）かすことを恐れ、武内宿祢を刺殺し、さらに兵を挙げて阿蘇を攻めた。天君公は反乱というあらぬ罪を着せられたために憤死した。幣立神宮の近くにある千人塚はその兵乱で死んだ人々を葬ったものだという。

この兵乱が収束した後、天君公はその存在自体が歴史から抹消された。それとともに幣立神宮もその真の姿を隠さなければならなくなったのだという。

なお、作家・柞木田龍善（一九一四〜一九九八年）は『安徳天皇と日の宮幣立神宮』（一九八六年）において、幣立神宮は、平家滅亡直後、阿蘇に逃れてきた安徳天皇を匿うために隠れ宮となった、という異説を記している。

●霊能者により紐解かれた歴史

幣立神宮の先代宮司・春木秀映（一九〇三〜一九九九年）が、神職となったのは昭和八年（一九三三）九月、正式に宮司に就任したのは翌年一月のことだった。当時、今の幣立神宮はまだ幣立神社と呼ばれていた。行政上の扱いは阿蘇神社（現・熊本県阿蘇市一の宮町）の末社で社格は郷社（府県社と村社の間）にとどまっていた。秀映はこの待遇に不満だったようである。

秀映が昭和四八年（一九七三）に著した『青年地球誕生』は幣立神宮の社伝が今の形にまとまるまでの過渡期を示していて興味深いものである（一九九九年に出た

新装版では、内容に修正が施されている）。

『青年地球誕生』には、寛文年間（一六六一～一六七三年）に書かれた『幣立宮縁起』の写しが収められているが、それによるとこの神社は、神武天皇の孫の健磐竜命（阿蘇神社の主祭神でもある）が、この地で幣帛を立てて天神地祇を祭ったことに始まり、延喜元年（九〇一）に阿蘇大宮司友成が社殿を建てて伊勢両宮を祭り、さらに天養元年（一一四四）に阿蘇大宮司友隆が阿蘇神社を祭ったものだという。この縁起には五色人どころか高天原云々という文言も出てこない。

この寛文期の縁起からすると、幣立神社が阿蘇神社の末社だという昭和初期での行政上の評価は決しておかしなものではない。

やはり『青年地球誕生』に引かれた「高天原縁起」は、延喜元年に「春木伊予守」が記したという文書で、「日乃宮」（現・幣立神宮）が高天原であり、ニニギを始めとする神々が「日乃宮」から日向・伊勢・筑紫・阿蘇などに派遣されたとするものだが、その文中では宇宙を治め大和国の礎を定めた始祖神として「大門能主大神」という名が挙げられている。

「大宇宙大和神」という表記はその神の権能を意訳したものだろう。「高天原縁起」が実際に平安時代に書かれたとは考えにくいが秀映の宮司就任の頃には、すでに幣立神社に伝わっていたらしく、秀映が後にイメージを膨らませる上でのヒントになったようだ。

とはいえ秀映は、それまで幣立神社に伝わっていた文書の内容には満足できず、思い切った手段で隠された歴史を探ることにした。

それは、霊能者による霊示である。幣立神社に霊能者と審神者(さにわ)となる人物とを迎え入れて、降りてきた霊示を記録する。あるいは噂を聞いて尋ねてきた自称霊能者に対して秀映自身が審神者を務めることでその真偽を判断した、というわけだ。

実は、先に引用した高天原の乱に関する記録は、いわゆる古文書によってではなく霊示によって明らか（？）にされたものだった。『青年地球誕生』では、その霊示の日付について昭和一三年（一九三八）一二月二三日だったと記す。

ちなみにこの高天原の乱に関する霊示を、秀映が翌一九三九年（昭和一四）一月一日付で、印刷配付したところ、特高警察ににらまれて何度も呼び出しを受けたという。

五色人祭は、秀映が太古の祭りの復興と称して昭和二二年（一九四七）に始めたものだった。この当時、日本では昭和一五年（一九四〇）に開催予定だった東京オリンピックが第二次世界大戦で中止になったことを惜しみ、平和の祭典としてのオリンピックを改めて招致しようという気運があった。大日本体育会がJOCの前身となる日本オリンピック設立を決定したのはその前年の昭和二一年（一九四六）である。

その気運は昭和三九年（一九六四）の東京オリンピック開催につながるわけだが、幣立神宮の五色人祭は、それに便乗し、オリンピックの五輪旗と『竹内文書』の五色人を付会して始めたものだった。ちなみに復興第一回の五色人祭は六月二三日に開催されたが、この日付は一八九四年六月二三日にIOC設立決議がなされたのを記念したオリンピック・デーだった。

なお、五色人面の中のモーゼの面について、秀映はそれが「赤人の面」だと主張していたが、現宮司は「白人の面」だとしている。実は『竹内文書』ではユダヤ人は赤人に分類されているので秀映はそれに従ったわけだが、現宮司はユダヤ人なら白人のはずという現代の「常識」に引きずられたのだろう。

なお、創建を約一万五〇〇〇年前とする説の根拠は『青年地球誕生』に、この地に大宇宙大和神が「原人のタネ」を隕石（いんせき）に載せて降下させた、とあることである。

さらに同書によると、その降下地点に九州が選ばれたのは、太平洋のムー大陸と大西洋のアトランチス大陸を両天秤（てんびん）にかける支点にあたる場所だったからだという。なんにしても空想的な話である。

●天下一家の会が起こした国債ネズミ講事件

ちなみに昭和四八年（一九七三）の『青年地球誕生』には、神代文字が彫られた石板の御神体は登場していない。これは秀映がその晩年まで幣立神宮の教義を膨らませ続けたことを意味しているのだろう。

さて、かつて幣立神宮の外郭団体に大観宮という宗教法人があった。その団体は世間では、別の名前の方で知られていた。

その名は「天下一家(てんかいっか)の会」（第一相互経済研究所とも称する）。幣立神宮のブレーンだった内村健一（一九二六～一九九五年）が結成した無限連鎖講（ネズミ講）である。

昭和四九年（一九七四）に出た『青年地球誕生』第二版には「『青年地球誕生』賛歌」という文章が収められているが、そこには「昭和四十九年一月二十七日」に「天下一家の会の第三期講習生として、特に選ばれた東北各県を主とした七十七名の同志と、これを率いる内村会長」が幣立神宮に参拝したことが明記されている。

また、第八五回国会物価等特別委員会第三号（一九七八年一〇月一八日付）には、安藤幸雄説明員の説明として次のように語られている。

「宗教法人大観宮は、熊本県知事が昭和四十八年十一月に認承した宗教法人でございますが、その宗教法人規則によりますと、熊本県阿蘇郡阿蘇町小里六百十番地でございます。その後この規則が変更されたことはございませんので、現在もそこに事務所を持つというふうに考えております。この法人は熊本県知事の所管する法人でございますので、その詳細につきましては熊本県において所管しておるわけでございますが、この規則によりますと、幣立宮という、これも宗教法人でございますが、それと並んで設立されたという形の法人でございます。その幣立宮が日の宮ということで現在も神社本庁の所管に属しておりますが、これと並んで水の宮として設立されたわけでございます」

ちなみに、ここで議題にされているのは、無限連鎖講流行の問題である。大観宮の名が出てきたのは、内村が、自分の主宰する天下一家の会は無限連鎖講に当たらないと主張しているが、その実体はどうか、というやりとりの中においてであった。

この委員会報告においては、大観宮と天下一家の会は、事務所の所在も代表者（すなわち内村）も一致しているということで同一の団体として把握されている（なお、この点についてはすでにサイト「教祖様にツッコミを入れるページ」で指摘されている）。

私がその当時に幣立神宮関係者から聞いた話では、いわゆるネズミ講は現金を集めるシステムだったから破綻した。現金の代わりに国債を集めるなら、その払い戻しについて国が保証しているし、国債は買えば買うほど国庫にお金が入って、お国のためにもなる、ということだった。

もちろん、実際にはそううまくはいかず、天下一家の会の活動はあっさり行き詰まった。さらに昭和五四年（一九七九）五月に「無限連鎖講の防止に関する法律」が施行されたこともあって天下一家の会は解散に追い込まれた。

八〇年代には、内村の夢の跡として、昭和五三年（一九七八）に熊本県阿蘇町（現・阿蘇市）に建てられたピラミッド状建造物が写真週刊誌を騒がせたこともあった（現存せず）。天下一家の会解散からは、すでに三〇年以上もの歳月が流れている。その間には、宮司の代替わりも行なわれた。今の幣立神宮は当時とは別の組織とみなすこともできる。

かつての幣立神宮が霊能者やその審神者と称する人々を好んで招いていた以上、内村のような人物をも呼び寄せてしまうことも防ぎきれなかったのだろう。そして、幣立神宮に関する超古代史関連の伝承の骨子は、その時代につくられたのである。

契丹古伝(きったんこでん)

日本人の祖先は中国の先住民で、漢民族と抗争を繰り返し、日本をはじめ各地に四散…。失われた渤海語で記された記述の真相は？

●中国の陵墓から出土した巻物

浜名寛祐(はまなかんゆう)（号・祖光、一八六四～一九三八年）は心を痛めていた。関東大震災（一九二三年九月一日）直後、朝鮮人反乱のデマが街を覆(おお)い、多くの人々が殺された。浜名はなぜ平素は穏やかな人々が狂乱したのか、その原因を考え続けた。

浜名がいたった結論は、異民族への服従を強いられる朝鮮人の反感を、日本人側が感じ取ったための錯乱(さくらん)の結果というものだった。

このような惨事が二度と起きないように何をなすべきか。浜名は自分がその答えを持っていると確信した。

時は明治三八年（一九〇五）、日露戦争当時へと遡る。当時、浜名は陸軍の兵站(へいたん)経理部長として満洲奉天(まんしゅうほうてん)（現・中国遼寧省瀋陽市(りょうねいしょうしんようし)）郊外の黄寺(こうじ)（チベット仏教寺院）に駐留していたが、その同じ部隊に漢学者として有名な廣部精(ひろべくわし)（中国語教科書『亜細亜言語集』の著者、一八五五〜一九〇九年）がいた。

廣部は、その寺の僧から、漢字で書かれていながら通常の漢文としては読めない奇妙な巻物を見せられた。

それは、とある陵墓から出土した秘物で、戦禍（せんか）から守るために寺に預けられたものだという。廣部は密かにその巻物を写しとることに成功した。

廣部は自ら持ち帰る分の他にもう一本、写本をつくり、それを友人である浜名に託した。浜名はその解読に苦しんだが、その文中に正史『三国志』に出てくる古代朝鮮語と通じる語句があるのに気づき、それを手掛かりにようやく文意を明らかにすることができた。

浜名の解読によれば、その写本は、日本・朝鮮・満洲の各民族が、東大神族（シウカラ）ともいうべき一つの民族から分岐したことを明らかにするものであった。浜名は、その公開により、日朝間の差別やわだかまりをなくすことができると考えたのである。

浜名はその写本の全文二九八〇字を四六章に分けて『神頌叙伝（しんしょうじょでん）』という題を付した。そして、その『神頌叙伝』に解説を施し、大正一五年（一九二六）に、『日韓正宗遡源（そげん）』という書籍にして世に問うたのである。

ただし『神頌叙伝』という書名は定着せず、この文書は昭和期の太古史研究家の間では『契丹古伝』という通称で流布した。

また、この文書については、他にも『契丹神話』、『契丹秘史』、（満洲・朝鮮での倭人の歴史という解釈から）『倭人興亡史』『北倭史』などと呼ぶ論者もあった。

●大陸での東大神族と漢民族の壮絶な争い

『契丹古伝』の内容は次のようなものである。

遥かな昔、日祖アナウシフカルメ（阿乃沄翅報云戞霊明）は、清らかな気のみなぎる所で禊して、日孫アメミシウクシフスサダミコ（阿珉美辰沄繾翅報順瑳檀彌固）を産んだ。

日孫はコマカケ（高天使鶏、胡馬可兮）に乗って長白山（白頭山）に下り、その子孫である東大神族は世界の四方に広がった。日孫の称号「シウクシフ」は東大国皇を意味している。

日孫は神祖とも称される。別名をトコヨミカト（図己曳乃訶斗）といい、シウスサカ（辰沄須瑳珂）とも号した。神祖直系の子孫からは満洲・朝鮮の辰国が発祥した。

また、その同族で東冥（東の海）に栄えたものをアシウス氏（阿辰沄須氏）という。

アシウス氏は東表（東方の国）の王となり、後の日本に続く。

東大神族は地域や時代を異にする多くの国を興したが、国号に「マカ」（馬韓・靺鞨・渤海）「シウシン」（珠申・粛慎・女真）など共通の呼称を用いることからその系譜をたどることができる。

ただし、沿海州にいる浥婁はもともと東大神族ではない。彼らはもとオロチ族と称していたが、神祖がその首領を討ち取った後、鴨緑江まで連れて行き、そこで禊させた後に東大神族の仲間に加わることを許した（この故事が日本神話のヤマタノオロチ退治になったことが暗示される）。

東大神族の国が大きくなってくると、神祖は首都をアシタ（鞅綏韃、現在の平壌市方面）に置き、各地に配下の神を派遣して都市をつくらせた。特にかつて自分が降臨したところである長白山には、頭に角を生やし、二四通りの呪術を使う異貌の神・キリコエ（耆麟馭叡）を派遣して、その都市を離京とした。

神祖は海を渡って西へと遠征し、日が沈む所にまでその城を築くにいたった（浜名はこの神祖西征の到達地を山東半島にあてる）。

だが、その後、西方では海が砂漠となり、東方ではノゴロ（乃后稜）という陸地が海没するという天変地異があって東大神族の国は大いに乱れた。やがて、その領土の中心である中国大陸に西方から異民族が侵入し、漢民族の祖先が形成された。

やがて、漢民族の祖先が、東大神族の国である殷を滅ぼし、西周を建ててしまった。東大神族のある者は西に逃れて匈奴となり、ある者は東に逃れて朝鮮を建て、またある者は海を渡って日本列島に向かった。

東大神族はその後も中原（黄河中流域）奪還の試みを続けた。紀元前七七一年、西周を滅ぼした時にはアシウス氏のニギシ（寧義氏、日本神話のニニギか？）の参戦もあって、もう少しで中原を取り戻せるところだったのだが、周からの賄賂で東大神族が分断され、東周建国を許してしまった。

東大神族の流れをくむ秦は、一度は中原を取り戻し、中国大陸を再統一したが、その天下は長く続かず、結局は漢に国を奪われてしまった。しかし、東大神族の子孫と、漢民族との戦いは、その後も長らく続けられた。

時は下って、一〇世紀、現在の内モンゴル自治区にいた遊牧民族の契丹が自立して大契丹国を建て、九二六年には渤海を滅ぼしてモンゴルから満洲にまたがる広域国家となった。

渤海の故地には一時、東丹国という封国が置かれていた。大契丹国はさらに中華河北をも併合、九四七年には「遼」という国号を称する。大契丹国初代の耶律阿保機は遼の太祖（在位九一六〜九二六年）を追号された。

さて、天顕元年（九二六）元日、遼の首都となる上京臨潢府（現・内モンゴル自治区赤峰市）で、丹鶏（丹頂鶴か）が太陽から降りてきて宮殿の上を舞うという瑞兆が生じた。

さらに遼の太宗の御世の会同元年（九三七）、ふたたび丹鶏出現の奇瑞があり、その鳥が下りたところから、歌のような文字が浮き出た美しい石が見つかった。遼建国の功臣・耶律羽之（八九〇〜九四一年）はその歌（神頌）を読むために東丹国で保管している渤海の古書籍をいくつも紐解き、その引用を列挙することで東大族の歴史を明らかにした。

その歌は東大国皇を讃えるものであり、それが浮き出る石が見つかったということは、遼が東大神族の後継として、中原奪還の宿願を果たすことを示している、というわけだ。

しかし、遼は一一二五年に滅び、耶律羽之編纂の史書も埋もれることになった。それが巡り巡って浜名の手元にもたらされたというわけである（黄寺に預けられていた巻物、及び廣部が手元に置いたという写本は現在では所在不明）。

ちなみに一九九二年、赤峰寺での契丹遺跡発掘調査で、瑠璃と壁画で荘厳された地下宮殿が見つかり、出土した墓誌から耶律羽之の墓であることが確認された。

●東大神族の領域はヨーロッパにまで達していた？

『契丹古伝』で神祖降臨の地であり、契丹の祖神キリコエが封じられたともされる長白山は、朝鮮神話では国祖・檀君降臨の聖地とされ、満州族からも民族発祥の地とみなされている。

長白山を舞台とするもっとも新しい始祖伝説は、この山を金日成（キムイルソン）による抗日運動の本拠地であり、金正日（ジョンイル）の出生地でもあるとする北朝鮮の公式見解だろう。『契丹古伝』も長白山崇拝で民族の出自を説明する物語の一つといえよう。

ただし、『契丹古伝』は契丹人である耶律羽之の著作とされるが、その主な内容は渤海の史料を編集した体裁となっているため、契丹は出自的にはあくまで傍流の扱いである。しかし、契丹の祖であるキリコエがかつて長白山を守ったことで、いまや契丹が東大神族の子孫の盟主たる地位を占めたという主張が、この文書に示されているわけである。

さて、東大神族がいた領域について東アジアだけにとどまらないという解釈はすでに戦前からあった。有賀極光（きょっこう）という人物は昭和一二年（一九三七）に、ヨーロッパのボイイ族（古代ローマ時代の中央ヨーロッパにいた部族。南部ドイツ・オーストリアのバイエルン人の祖先）やフランク族（古代ローマ時代にライン川流域にいた部族の総称）も東大神族だから、ヒトラーもその血を受け継いでいると考察していた（有賀極光「ウムスヒと神」『神乃日本』一九三七年一二月号）。

浜名の『契丹古伝』解読は、スサノオやニニギが出てくることからうかがえるように日本語の語呂合わせも多分に取り込んでいた。

つまり、『契丹古伝』に出てくる固有名詞を語呂合わせにすることで東大神族の領域を浜名と異なるものとして解釈することも可能である。

そのため、一九八〇年代以降は、キリコエの封国（ほうこく）を沖縄として東大神族の領域をアナトリア（現・トルコ共和国）から日本列島まで含むアジア広域とする説や、キリコエの封国をイースター島として神祖西征の地をアフリカ大陸北西岸にあてる説など、破天荒な解釈が現れるようになった。

もちろん、先に述べたように『契丹古伝』での契丹の正統性がキリコエの長白山封国と結びつけられている以上、キリコエの封国を沖縄やイースター島にもっていくような解釈は成り立ちようがない。

●邪馬台国北朝鮮説の先駆けとなる

ところで『契丹古伝』において渤海の史料からの引用とされる文章は次の文章で

終わっている。浜名の解に従って記したい。

　洲鮮記に曰く。ここに辰の墟に訪ふ。娜たる彼の逸豫臺米。民と率ひて末合と為り。空山鵑叫んで。颪江星冷か。駕してここに其の東藩に覧る。おほいなる彼の丘。知らず是れ誰なるを。みちに弔人なく。秦城寂として存す。ああ辰沄氏殷。今はたいづくに在りや。茫々たる萬古。またそぞろに真人の興るを俟つのみ。

浜名はこの「逸豫臺米（いよため）」について、邪馬台国で卑弥呼の死後に新たな女王となった壹与（いよ）だと解釈している（「娜」とは女性のしなやかな様）。また、「末合」とは靺鞨（まっかつ）のことだという。

「辰の墟」とは、『後漢書（ごかんじょ）』で、馬韓にいて朝鮮半島の辰韓・弁韓をも支配した辰王の都の廃墟（はいきょ）を意味する。辰沄氏殷とは東大神族のことである。

すなわち、この文章は、かつての馬韓の都で、民を率いて満洲に逃れ靺鞨を興した壹与女王のことを思って嘆くという内容のものだという。つまり、浜名は、この書き手の歴史認識について、壹与がいた邪馬台国は朝鮮半島の馬韓にあったとみなしているというわけである。

浜名は『契丹古伝』を根拠に、卑弥呼や壹与は馬韓の女王だったとみなし、その都の所在を現在の平壌市方面に求めた。つまりは邪馬台国北朝鮮説である。

ただし、浜名は一方で有名な魏志倭人伝の行程記事については朝鮮半島から日本の大和に向かう経路とみなし、馬韓と大和が共に女王国（大和の女王には神功皇后をあてる）だったので、魏の史官が混同したのだろうとしている。

邪馬台国北朝鮮説は、一九九〇年代から今世紀初頭にかけて、山形明郷（一九三六～二〇〇九年）という東洋史研究家が唱えて一部で話題になったが、浜名はその説の先駆者でもあったわけである。

もっとも、浜名の邪馬台国北朝鮮説は「逸豫臺米」を「いよ・おとめ」と解く日本語の語呂合わせを根拠としているわけで無理があると言わざるを得ない。

『契丹古伝』自体が浜名の偽作ではなかったとしても、浜名のように語呂合わせに頼る解読を行なう限り、そこから学問的な成果を得ることは不可能だろう。

渤海語は失われた言語であり、今では中国正史のわずかな記述と、現代の満洲語から推定して復元していくしかない。しかし、その研究が進むことで、いつの日にか『契丹古伝』の真相（その真偽も含めて）もまた明らかにされるかも知れないのである。

桓檀古記

朝鮮を建国した檀君の王朝は四七世続き、日本はその衛星国として建国された…。古代史ファンが好意的に注目した理由とは？

●韓国の教団が守り続けた史書

昭和五四年（一九七九）一一月一九日、ソウルを訪れていた弁護士・鹿島昇（一九二五～二〇〇一年）は、韓国の民主化運動の旗頭である自由社代表・朴蒼岩（一九二三～二〇〇三年）の自宅に招かれていた。

そこでは李裕岦（一九〇七～一九八六年）ら当時、韓国で勃興していた民間史学運動の指導者たちが揃って鹿島を迎えた。

李は、自ら、ある刊本を鹿島に手渡した。その刊本は「三聖紀全」「檀君世紀」「北夫餘紀」「太白逸史」という史書の合冊で総題は『桓檀古記』とあった。

『桓檀古記』は、太白教という教団が密かに守ってきた史書だったという。太白教は日韓併合時代に日本帝国主義による弾圧を被り、教祖の桂延寿は殉教した。『桓檀古記』は、桂が古伝の中でも特に重要な四書が散逸することを恐れ、一冊にまとめて地下出版したものだった。

その版本の多くは失われたが、桂の遺志を継いだ李によって筆写され、戦後、その写本を底本として改めて出版された。その一冊が李本人によって鹿島にもたらされたというわけである。

さて、鹿島という人物もユニークな経歴の持ち主だった。彼は、『日本書紀』は古代朝鮮史、『史記』は古代オリエント史の書き換えであるという借史論を唱え、東アジアの真の歴史を復元するには、いわゆる古史古伝と呼ばれる史書を読まなければならないと説いていた。そして、近代日本では、歴史学・考古学・民俗学の学界のみならず政界・官界・軍部をも含む「偽史シンジケート」が暗躍しており、日韓併合の真の目的は朝鮮半島にある史書を焚書（ふんしょ）するためだったとも唱えていた。

そして、その説を広めるために新國民社、歴史と現代社といった出版社まで立ち上げていたのである。

鹿島が自ら訓読した『桓檀古記』を出版したのは昭和五七年（一九八二）七月七日のことだった。その解説で鹿島は、自分が『桓檀古記』を日本に持ち帰ったことについて「聖なる史書は抹殺のためでなく、公開のために朝鮮海峡を渡ったのである」と記している。

●日本の神や英雄は檀君朝鮮や夫餘の亡命者

『桓檀古記』のテーマは檀君朝鮮の歴史である。韓国では一九四八年から一九六一年にかけて朝鮮の国祖とされる檀君の即位を基準とした檀君紀年（檀君紀年元年＝西暦前二三三三年）を採用していたことがある（一九六二年以降は西暦を採用）。

また、北朝鮮では一九九三年に平壌市郊外の古墳を檀君陵と認定、檀君は科学的（?）な年代測定で五〇〇〇年以上前の人物であることが判明したと公式に発表した。

しかし、朝鮮最初の正史である『三国史記』（一一四五年完成）には檀君に関する記述はない。

『三国遺事』（一三世紀末完成）でようやく檀君に関する記述が現れるが、そこでの檀君は一代のみ、約一九〇〇年にわたって朝鮮を治めた神仙として描かれる。

ところが『桓檀古記』では檀君朝鮮が四七世にわたる一大王朝として三六一七年にわたって続いたと記されているのである。

内訳は「三聖紀全」が漢民族の発祥から檀君朝鮮建国までの歴史、「檀君世紀」は檀君朝鮮歴代の事跡、「北夫餘紀」は檀君朝鮮の後継国家として前二四〇年頃に満洲に建国された北夫餘の歴史、「太白逸史」は檀君朝鮮での信仰と、やはり檀君朝鮮の後継国家である馬韓・番韓・高句麗・大震国（渤海）・高麗の歴史をそれぞれ記したものである。

日本人にとって興味深いのは、この中にしばしば日本神話や日本古代史と関連する人名や地名が頻出することである。

たとえば「檀君世紀」では第三五代檀君が「彦波弗哈」という将を遣わして海上の熊襲を平らげた、とある。この将の名は『日本書紀』でのウガヤフキアエズの表記「彦波瀲武盧茲草葺不合尊」に通じるものである。

また、第三六代檀君は「陜野侯裵幣命」を海上に遣わして「三島」を平らげたとある。「陜野侯」のことは「太白逸史」の馬韓世家にも出ていて、そこでは戦船五〇〇艘を率いて海島を討ち、倭人の反乱を鎮めたとある。朝鮮史で倭の三島といえば、高麗・李朝時代に倭寇の本拠地とみなされた壱岐・対馬・松浦半島のことである。「陜野」は神武天皇の幼名とされる狭野に通じるし、「裵幣」はニギハヤヒに通じる。

「太白逸史」の高句麗国本紀には広開土王に追われた者たちが阿蘇山に逃れて多婆羅国（多羅国）を建てて改めて高句麗と親を結んだこと、多羅国の熊襲城が後に熊本城になったことを記す。

やはり「太白逸史」の大震国本紀には、夫餘の依羅が鮮卑（古代中国北部の広域を支配した遊牧民族）に追われて海を渡り、倭人の王になったと記す。筑紫の伊都国（現・福岡県の糸島半島方面）はかつて日向国とも伊勢とも呼ばれ、そこから日本国が発祥したという。また、伊都国は「盤余彦の古邑」でもあったとする。「依羅」は崇神天皇（ミマキイリヒコイニエ）など上代天皇の和風諡号にしばしば見られる「イリ」という称号を連想させる。また、「盤余彦」とは神武天皇（和風諡号「神日本磐余彦天皇」）のことだろう。

つまり、日本神話や日本古代史で建国に関わるとされる人物は、実は檀君朝鮮の将や、夫餘の亡命者であり、日本は朝鮮の衛星国だったと主張しているわけである。『桓檀古記』は一方で中国史についても、漢民族の祖である黄帝と中国大陸の支配者の座を争った蚩尤が、檀君朝鮮に先立つ朝鮮民族の王・慈烏支桓雄（蚩尤天王）であったとするなど、漢民族勃興前の大陸における朝鮮民族の広域支配を強調している。

●国政に影響を与えた韓国の民間史学運動

さて、一九七〇〜八〇年代の韓国では、『桓檀古記』の他にも、さまざまな古代史関連文献が「発掘」され、話題を呼んでいた。

たとえば『檀奇古誌』、これは渤海の初代王・大祚栄（在位六九九〜七一九年）が弟の大野勃に命じて編纂させたもので檀君朝鮮とそれに続いた箕子朝鮮の史書とされる。

あるいは『揆園史話』、これは一六七五年に北崖老人と称する人物が書いたという檀君朝鮮の史書である。

また、五世紀の新羅の忠臣・朴堤上が書いたという天地開闢から檀君朝鮮までの史書『符都誌』や八世紀初めに新羅の戦士集団・花郎の歴史をまとめたという『花郎世記』（全文の「発見」は一九八九年）などである。

『桓檀古記』はそれらの中でも一等抜きん出た人気を博するようになった。それは鹿島による日本語訳が韓国に逆輸入されて広く読まれたからである。

さて、それらの文献に依拠する民間史学運動が槍玉にあげたのは一九七四年に制定された国定歴史教科書だった。その教科書は当時の実証史学の成果を反映して檀君朝鮮の存在を否定し、韓国文化形成における中国からの影響を評価したものだった。ところが朝鮮民族の偉大さを信じる民間史学運動の指導者たちにはその方針が日本帝国主義・中華事大主義の残滓のように思われたのである。

こうした韓国における歴史の見直しは、韓国における民主化運動の興隆（盧泰愚大統領の民主化宣言は一九八七年）、日本での古代史ブームの中での古代日朝関係の見直し、北朝鮮における檀君顕彰（それは金日成政権を檀君の後継に位置付けるためのものであった）と連動しての動きだった。

民間史学運動は国政に影響を与えるまでになり、一九八一年には韓国国会の文教広報委員会において「国史教科書改編請願に関する公聴会」の名目で歴史学界の重鎮（じゅうちん）たちがつるし上げをくらった。

一九九〇年三月に採択された中・高校国定教科書は民間史学運動の主張を大幅に取り入れたものとなった。

とはいえ、民間史学運動そのものは一九八七年を境に退潮に向かう。それは民主化運動の成果が現れることで過激な民族主義にブレーキがかかるようになったことと檀君朝鮮の歴史を記したとされる史書がいずれも現代（当時）の偽作であることが明らかになってきたからである。

●なぜ日本でも『桓檀古記』は支持されたか？

『桓檀古記』は先行して世に出た『檀奇古誌』『揆園史話』を主なタネ本にして、戦後に現れた古代史学説をも取り込んで話を膨らませたものだった。

その取り込まれた学説には日本のものもある。たとえば夫餘系の王が日本列島に渡来して「イリ」を称号とする王朝を建てたというのは古代史ブームのきっかけの一つとなった江上波夫（一九〇六～二〇〇二年）の騎馬民族征服王朝説で説かれたストーリーである。

また、伊都国がかつての日向国で神武天皇の発信地であったというのは糸島半島の発掘を熱心に進めた考古学者・原田大六（一九一七～一九八五年）が、著書『実在した神話』（一九六六年）で展開したものである。

『桓檀古記』は日本語訳が出た当時、日本の古代史ファンからも好意的に受け入れられたが、それは当然であった。そこには日本の古代史ブームの中で彼らが（あるいは私たちが）慣れ親しんでいた説が取り入れられていたからである。

さて、現在の韓国における中学・高校歴史教科書でも、さすがに『桓檀古記』などを史料扱いするようなことはないものの、檀君朝鮮の実在を前提としたり、中国の影響を過小評価したりするなど、かつての民間史学運動はその影を落としている。

現代日本でも「江戸しぐさ」（あとがきで詳述）のような偽史が教科書に採用された例がある（原田実『オカルト化する日本の教育』ちくま新書）。それを思えば、韓国歴史教育の迷走は私たちにとっても教訓とすべき問題なのである。

東日流外三郡誌（つがるそとさんぐんし）

東北地方に、大和朝廷をしのぐ王国があった！
——大手マスコミを巻き込み、学者や研究者が真贋をめぐって大論争を展開した問題の文書。

●マスメディアがこぞって取り上げた古文書

「炯々（けいけい）たる眼光だった。ところは、津軽山中、石塔山（せきとうさん）。『東日流外三郡誌』の所蔵者、和田喜八郎さんと、わたしは対面していた。

〃さあ、どうぞ。ぐい、とやって下さい〃

一升ビンの地酒を片手に、しきりにすすめられる。閉口（へいこう）した。きらいとはいえないけれど、今は真っ昼間。すぐ顔に出るくちなのだ。

（中略）

目の前のコップを取り上げて、なみなみとついでもらった。心はいそぐけれど、郷（ごう）に入れば、郷に従え。腹をきめて飲めば……。そう思って、グイと傾けた。

〃私はこれで〃

和田さんは、机台の上のウイスキーを取り上げて、コップになみなみと注ぐ。

（中略）

儀式はすんだ。内臓まで酒で清め終わったのだ」（古田武彦『真実の東北王朝』ミネルヴァ書房、一九九〇年）

古田武彦（一九二六～二〇一五年）は和田喜八郎（一九二七～一九九九年）との初対面のありさまを以上のように記している。

『東日流外三郡誌』は、この当時、すでにオカルト雑誌や一般向け歴史雑誌での定番のネタであり、さらにＮＨＫや全国紙を含む大手メディアに好意的に取り上げられたり、有名作家が推理小説やＳＦ小説の題材に用いたりすることで多くのファンを獲得していた。しかし、その一方では青森県の郷土史家による偽書説も出されていた。

古田は昭和薬科大学教授（当時）で、親鸞と日本古代史の研究者として独自の業績を重ねており、大手出版社からのベストセラーもあった。彼は古代史ブームの立役者の一人として、新聞・雑誌・テレビなどでの登場も多く、マスメディアの寵児といってもよい名士だったのである。

その古田が『東日流外三郡誌』支持を表明したことで、この文書は改めて大きな影響力を獲得していく。

●アラハバキ王国の栄光と安東水軍の活躍

『東日流外三郡誌』は、寛政年間（一七八九～一八〇一年）、三春藩主・秋田家の親族である秋田孝季（たかすえ）が、義弟で津軽飯詰（いいづめ）（現・青森県五所川原市飯詰）の庄屋でもある和田長三郎吉次（よしつぐ）が編纂した文書だという。この吉次が喜八郎の祖先だったために、和田家にその文書が残ったのだという。

孝季と吉次はその史料を集めるために、全国行脚（あんぎゃ）の旅を行なった。また、彼らは長崎でダーウィンの進化論やビッグバン宇宙論の講義を受けただけでなく、海外の史跡を調べるために中国、シベリア、インドから遠くトルコ、ギリシャ、エジプトにまでその足跡を残したとされる。

喜八郎の話では、昭和二二～二三年（一九四七～四八）頃、自宅の天井を突き破って屋根裏から落ちてきた長持（ながもち）（衣類などを入れる箱）の中から古文書がまとまって出てきたのだという。

『東日流外三郡誌』が一般に知られるようになったのは昭和五〇～五二年（一九七五～七七）、青森県市浦（しうら）村（現・五所川原市）が『市浦村史資料編・みちのくのあけぼの―東日流外三郡誌―』全三巻として活字化、刊行してからである。その後は市浦村版よりも内容を増補した『東日流外三郡誌』や、『東日流外三郡誌』以外でやはり天井裏から出てきたという文書の活字化も出版されている。

なお、市浦村版『東日流外三郡誌』の時点では、現存するテキストは孝季・吉次が書いた現物だとされていたが、後になってから、明治期に喜八郎の曽祖父が写した写本という設定に改められた。

ちなみに喜八郎が和田家に伝わったと称した文書・記録類を総称して「和田家文書」という。『東日流外三郡誌』は、その中でも代表的なもので「和田家文書」全体の代名詞ともなった文書である。

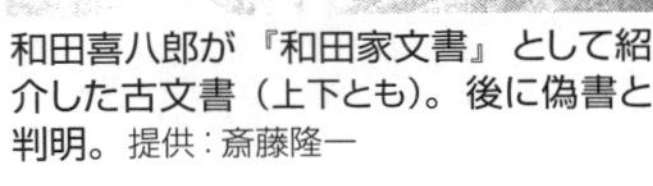

和田喜八郎が『和田家文書』として紹介した古文書（上下とも）。後に偽書と判明。提供：斎藤隆一

さて、『東日流外三郡誌』の内容を整理すると次のようになる。

遥かな昔、津軽の地に最初に現れたのはアソベ（阿蘇部・阿曽部・阿蘇辺）族と呼ばれる人々だった。彼らはまだ日本列島と地続きだった北の大陸から、歩いてやってきたのである。

アソベ族は農耕を知らず、獣を狩り、木の実や魚介類を採って暮らしていた。また、彼らは自然に湯が湧くところを好み、活火山の阿蘇部山（現在の岩木山）を聖域としていた。祭の日には少女を生贄(いけにえ)として火口に投じることも行なわれていたという。

しかし、そこに東の大陸（アメリカか）から新たに渡来してきた一団があった。ツボケ（津保化）族という。ツボケ族は馬を乗りこなし、たくみな戦法でアソベ族を山地へと追い上げていった。また、彼らは土器をつくる技術を持ち、体に刺青を入れる習慣があった。アソベ族はツボケ族との競争や阿蘇部山の噴火のために次第に滅びていった。

紀元前七世紀頃、津軽の地に新しく二つの勢力が入ってきた。一つは中国での春秋の動乱を逃れた晋の公子たちである（中国正史の『史記』は前六七〇年頃、晋の献(けん)公(こう)が多くの公子を殺したため、その国内が乱れ始めたことを伝える。和田家文書は彼らが献公に殺されたわけではなく日本に亡命したものとみなしたわけである）。

もう一つは耶馬台国(やまたいこく)（邪馬台国）五畿七道(ごきしちどう)の王というアビヒコ（安日彦）ナガス

ネヒコ（長髄彦）兄弟と、彼らに従う耶馬台国の亡命者たちだ。アビヒコたちは三輪山（現・奈良県桜井市）で耶馬台国を治めていたが、南方から九州経由でやってきた日向族との戦い（記紀でいうところの神武東征）に敗れ、東北の地へと逃れてきたのである。

なお、日向族にはヒミコ（比味子）という巫女がいたという。つまり、この文書では、邪馬台国をヤマトとする記述と、卑弥呼が九州にいたという記述が混在しているわけだ（ただし、『東日流外三郡誌』以外の和田家文書には、邪馬台国ならぬ邪馬壱国の卑弥呼が宇佐にいた、反乱伝承で有名な筑紫国造・磐井は卑弥呼の子孫だった、などという記述もあり、その邪馬台国像には混乱が見受けられる）。

アビヒコ・ナガスネヒコ兄弟は晋の公女を娶り、アソベ族の生き残りとツボケ族を和解させて、ここに新しい民族が誕生した。それをアラハバキ（荒吐・荒覇吐）族という。

アラハバキとは、もともと神名で、古代中国の軍神とも、製鉄のタタラの神とも、太陽・天空と大地から生まれる自然万物の神ともいう。縄文時代の遺物として東北地方を中心に出土する、いわゆる遮光器土偶はこのアラハバキのご神体だという。

アラハバキ族は寒冷に強い品種の稲を育て、自然に感謝しつつ豊かで平和な社会をつくり上げた。東北地方を五つに分け、それぞれに王を置くというアラハバキ五王の制をとっていたが、その五王は事あるごとに合議して国としての統一を保っていた。

アラハバキ族は、命は藻・草・木・虫・魚・鳥・獣・人という八つの形をとって流転（るてん）するという八生輪（はっしょう）の教えを信じていた。この八生輪の教えによれば、すべての命は平等であり、人はいたずらに他の生き物の命を奪ってはならない。また、命を奪わざるをえない場合は、その罪をつぐなうために他の命を育成し、すすんで善行を積まなければならない、というのである。こうした考えは現代のエコロジーに通じるものだ。

日向族がヤマトを占拠した後、その子孫である朝廷はいくどとなく東北に進撃した（いわゆる蝦夷征伐）。アラハバキ族はそれを迎え撃つだけではなく、いくどか大和朝廷を制圧してヤマトにアラハバキ系の王を立てたこともあるという（孝昭・孝元・開化・称徳など）。したがって万世一系というのは後世の朝廷がつくったフィクションにすぎない。

平安時代に東北地方を支配した安倍一族はこのアラハバキ王の子孫に他ならない。平安時代末には安倍一族の宗家となっていた安東氏（安藤氏）が津軽十三湊（とさみなと）を拠点に安東水軍を組織し、遠くインド、アラビアとも交易した(『東日流外三郡誌』以外の和田家文書には、源義経が安東水軍の船で大陸に渡り、ジンギスカンになったことを示す記述もある)。

だが、南朝年号の興国元年(一三四〇)もしくは興国二年(一三四一)に起こった大津波で十三湊は崩壊、安東水軍も滅亡した。安倍氏の末裔は三春藩主・秋田氏となってその命脈(めいみゃく)を保ったが、津軽の地では、江戸時代に津軽領主となった津軽家の組織的焚書もあってアラハバキ王国の栄光は忘れられていったのである……。

●『東日流外三郡誌』ブームの到来

東北の地に、ヤマトと対立するもう一つの王朝があったというストーリーは、ロマンあふれる秘史としてマスメディアから好意的に迎えられた。れっきとした自治体刊行物が初出となったのも、その信憑性を高める方向に働いた。

当時の世相は神秘的なもの、従来の常識をくつがえすようなものへの期待に満ちていた。

宮崎康平『まぼろしの邪馬台国』(一九六七年)、松本清張『古代史疑』(一九六八年)のベストセラーに始まる邪馬台国ブームは、昭和四七年(一九七二)の高松塚古墳壁画発見で、古代史ブームへと展開した、古代史関係の記事が新聞一面を飾ることもしばしばだった。

それと並行する形で五島勉『ノストラダムスの大予言』（一九七三年）のベストセラーや映画『エクソシスト』（一九七三年）のヒット、自称超能力者ユリ・ゲラー来日（一九七四年）などをきっかけとしたオカルトブームも生じた。

また、一九七〇年代に入ってからの学生運動沈静化で、活動方針の見直しを迫られた左翼系運動の中には、日本原住民論にその活路を見いだす者も現れた。

また、遮光器土偶をアラハバキの御神体とした発想も画期的だった。アラハバキという神の名は、日本民俗学の元祖ともいうべき柳田國男（一八七五～一九六二年）や中山太郎（一八七六～一九四七年）の文章にも見られるが、どちらも正体不明として探求を投げ出してしまった。また、遮光器土偶はエーリッヒ・フォン・デニケン（一九三五年～）ら自称宇宙考古学者たちにより宇宙服を着た宇宙人の像とみなされたものである。『東日流外三郡誌』は本来無関係だったこの両者を結びつけ、津軽の神にしてしまった（実際のアラハバキ祭祀分布は関東に濃厚で、津軽はその中心ではない）。

一九七〇年代にヒットしたＴＶ番組・矢追純一ＵＦＯスペシャルや、映画『スター・ウォーズ』『未知との遭遇（そうぐう）』（いずれも一九七七年）のヒットで、宇宙人飛来説に関心を持つ人が増えるにつれ、遮光器土偶＝宇宙人説への関心も高まり、それが『東日流外三郡誌』への注目につながるという流れもあった。

以上のように、『東日流外三郡誌』はこの時代の日本に渦巻いていたさまざまな熱気に応えるものだったのである。

ＮＨＫテレビは複数回、『東日流外三郡誌』をテーマに、喜八郎へのインタビューを含む番組を放送した。オカルト雑誌や旅行雑誌、週刊誌などもしばしば『東日流外三郡誌』を取り上げた。

文化人・著名人にも『東日流外三郡誌』を支持した人がいた。高木彬光（たかぎあきみつ）（一九二〇～一九九五年）、光瀬龍（一九二八～一九九九年）、西村寿行（じゅこう）（一九三〇～二〇〇七年）、高橋克彦（一九四七年～）ら人気作家も、小説やエッセイの中で『東日流外三郡誌』を好意的に取り上げた。

学界でも多摩美術大学教授（当時）の奥野健男（一九二六～一九九七年）、秋田大学教授（当時）の新野直吉（一九二五年～）といった人々が著書や論文で『東日流外三郡誌』を好意的に扱っている（ただし新野については後年、偽書であることに気付いて取り上げるのをやめた、と述べている。新野直吉「静かに念うこと」『季刊邪馬台国』

五二号、一九九三年一〇月、所収)。

昭和五五年(一九八〇)には飯詰山中にアラハバキ神を祭る石塔山荒覇吐神社が建立され、その落成式には自民党政調会長(当時)の安倍晋太郎(一九二四〜一九九一年)や縄文の美の発見者としても知られた画伯・岡本太郎(一九一一〜一九九六年)も出席した。そして、古田と喜八郎の初会見の場所もこの石塔山荒覇吐神社だったのである。

青森県内では、神社の由来や、遺跡・史跡の解説を『東日流外三郡誌』の記述に合わせて改める例が相次いだ。その影響の大きさは、現在ではもはや十分にたどりきれないありさまである。

また、興国の大津波の伝説や、安東水軍実在説も、もともとは郷土史家や一部の歴史学者の間で話題にされていたものが『東日流外三郡誌』が出ることによって史実扱いされ、現地自治体の観光行政に組み込まれてしまった(なお、一九九一〜九三年に国立歴史民俗資料館が行なった十三湊遺跡総合調査やそれに続く十三湊発掘調査は中世の十三湊の繁栄を明らかにしたが、独自の水軍を擁していた証拠は見つからず、一四世紀の大津波については明確に否定する結論が出ている)。

驚くべきは、これらの事態が『東日流外三郡誌』自体への検証も不十分なまま進はいたらなかった。


んでしまったことである。新野のように、その信憑性に疑問を持った研究者たちの多くも沈黙をもって批判に代えた。

一九八〇年代にも偽書説を唱えた研究者はいたが、その声もこの勢いを止めるにはいたらなかった。

●偽書説論者が指摘したダーウィンと福沢諭吉問題

平成元年（一九八九）秋、古田から私に急な電話があった。私にとって古田は、大学生時代の恩師であった。

その時期、『東日流外三郡誌』偽書説論者が提示していた論点で大きなものにダーウィン問題と福沢諭吉問題があった。

前者については孝季・吉次らが寛政年間にチャールズ・ダーウィン（一八〇九〜一八八二年）の進化論について講義を受けたのはおかしい、というものである。後者は『東日流外三郡誌』の福沢諭吉（一八三五〜一九〇一年）『学問のすすめ』の「天は人の上に人を作らず」云々の剽窃（ひょうせつ）があるというものだった。

古田は、私を東京の自宅に呼び出し、『東日流外三郡誌』研究への協力を依頼した上で、偽書説は論破できるといってその根拠を説明してくれた。

古田が「このダーウィンを偽書説ではチャールズと解釈しています」と言った時、私が「エラズマスですか？」と口をはさんだ。一瞬、古田は怪訝（けげん）な顔をしたが、私の予想通りの答えを返してくれた。

チャールズ・ダーウィンの祖父に先駆（せんく）的な進化論者であるエラズマス・ダーウィン（一七三一～一八〇二年）がいる。この人物なら孝季・吉次らと同時代人だから、その説に関する講義を聞いたとしてもおかしくはないというわけである。

「天は人の上に」云々については福沢も何かの引用という形で用いており、その引用元が和田家文書の可能性が高い、というものだった。

私は、古田の説得を受け、平成二年（一九九〇）四月から昭和薬科大学の副手（後に助手）に奉職して、その古文書群の研究を手伝うことになった。

●次々と物証が発見される不思議

私が古田の下で『東日流外三郡誌』の研究を始めてから、福沢諭吉問題を「解決」できる物証が、喜八郎から私たちの研究室に届けられた。和田家に保管されていたという福沢諭吉の書簡である。

それは福沢が和田家から借り出していた古文書を飛脚（ひきゃく）で返送したという内容だっ

た。私たちは、これで福沢が和田家文書を読んでいたことが裏付けられたと喜んだ。古田は慶應義塾大学に福沢書簡を持って行って鑑定を依頼したが、明らかに福沢の筆跡ではないということで軽くあしらわれてしまった。しかし、古田は、それにくじけることなく、これは副本で本物は別にあるはずだと言い出した。

　また、古田は、孝季と吉次の海外渡航は三春藩の後押し程度でできるものではない、ということで、彼らは実は幕府の依頼で動いていたのではないかという新説を立てた。古田は、その真の依頼者として当時の老中・田沼意次（一七一九〜一七八八年）を想定した。

　すると間もなく、喜八郎から、和田家文書の中に意次からの書簡が出てきたという知らせがもたらされた。

　どうやら、和田家文書を収めた長持には、支持者の

和田喜八郎が古文書入りの長持が落ちてきたとする天井裏を確認する著者（左）と偽書研究家の斎藤隆一氏（右）。提供：東奥日報

新説に合わせて証拠を持ってくる妖精が住んでいたらしい。

一方、調査が進むにつれて、私は、和田家文書の中に「富士王朝」（文献上の初出は一九七八年）、「（戸来村の）キリストの墓」（『竹内文書』の項参照）、「ムウ大陸」（チャーチワードのムー大陸説発表は一九三一年）など、江戸時代どころか明治時代にもありえない用語を見いだしていた。

それは江戸時代の学者が書いた文章というより、オカルト雑誌やいわゆるトンデモ本が好きな現代人の文章とみなした方が納得できる内容だった。

私はそれらの疑問点を古田に報告したが、古田は「江戸時代に絶対なかったとは言い切れない」という論法でとり合わなかった。

また、私は、和田家文書に、古田の著書の内容に合わせたかのような箇所があることについても疑問を呈したが、古田は「私は学界から黙殺されている。偽書をつくるなら学界の定説に合わせるはずだ」と言い張った（先述のように、学界の趨勢がどうあれ、当時、古田はマスメディアの寵児であった）。

●和田喜八郎の空想癖

平成五年（一九九三）三月二二日、郷土史家のグループである青森古文書研究会が記者会見を開き、同会が入手した喜八郎の自筆原稿と、『東日流外三郡誌』の筆跡が一致したという報告を行なった。

また、『サンデー毎日』同年四月一八日号と同年五月に出た『季刊邪馬台国』五一号では、産業能率大学教授（当時）の安本美典（一九三四年〜）が筆跡以外の根拠をも駆使して『東日流外三郡誌』が現代人の偽書、具体的には喜八郎の手になるものであることを考証していた。

この時期、私は昭和薬科大学助手の職を辞したのだが、それらで公表された喜八郎の筆跡見本を見て、ようやくここ三年間の疑問が払拭される思いがした。

喜八郎には強い空想癖があった。古田と私が共同研究していた頃、和田家文書テキストを借りるために二人で青森県を訪ねた際、喜八郎がその待ち合わせをすっぽかしたことがある。

後で、喜八郎は、「スノーモービルで山中を走っている際に転倒して失明寸前の重傷を負ったため、待ち合わせに行けなかった」と言ってきたため、私たちは、それでは仕方ないと彼に同情さえした。しかし、後で調べてみると、喜八郎がそのような事故を起こした事実はなかった。

また、私が昭和薬科大学を辞した後のことだが、喜八郎が、「ワーナーブラザーズ社が自分の記録映画をつくることになってスタッフが津軽に来た」と言い出し、古田がそれを真に受けて、『東日流外三郡誌』は海外では認められていると書いたことがある。私はワーナーブラザーズの日本支社に問い合わせたところ、「そのような事実はないし、日本支社を通さずに本社が日本での企画を立てることもない」との返答を得た。

喜八郎が言う長持落下事件の直前の戦時中から終戦直後について、彼がどのように暮らしていたか、彼自身の証言を集めると陸軍中野学校で学んでから海軍航空隊に配属されビルマ（現・ミャンマー）で国王の影武者を務めつつ通信研究所に勤務し、モンテンルパ（フィリピン）で抑留されたまま皇宮警察に勤務していたことになる。波乱万丈というより支離滅裂な半生である。

ちなみに親族の証言によると、喜八郎は戦前から終戦直後にかけて郷里を出たことはなかったという。

また、喜八郎はＮＨＫの取材を受けて、当時はまだ父親が存命だったにもかかわらず、自分の父親がキスカ島（アメリカ領。太平洋戦争中、日本軍が占領していた）で戦死したとテレビカメラの前で話し、それがそのままテレビで放送されてしまったことさえある。

どうやら喜八郎は、書籍や雑誌、新聞などで読んだことや映画、テレビなどで見たことを元に想像を膨らませ、それを自分自身もしくは過去の自分の分身の体験として書いたり語ったりできるという想像力を持っていたようである。

もちろん、その多くは少し調べればわかるような嘘なのだが、大方の人は、まさかそのような嘘を堂々とつける人がいるとは思わないものである。

この空想力は和田にしばしば現金収入をもたらした。『東日流外三郡誌』信奉者の中にも喜八郎本人について「五流の詐欺師」と評した人がいる。

喜八郎は青年時代、郷土史家の手伝いをしていた。彼に求める史料の内容を説明すれば、ちゃんと要求に合った「古文書」を見つけてくるということで重宝がられていたのである（実際には喜八郎が自分で書いていたと思われる）。

喜八郎が持ってきた「古文書」に依拠（いきょ）して、金光上人（こんこうしょうにん）（一一五四〜一二一七年、法然門弟で東北地方に浄土宗を広めた）の伝記を書いてしまった僧侶もいたくらいである。

ちなみに平成一一年（一九九九）、浄土宗総本山知恩院（ちおんいん）で金光上人関係の史料集が作成された際には、その本は資料として採用されなかった。

郷土史家の手伝いは喜八郎に現金収入だけでなく東北地方史に関する知識をもた

らした。喜八郎はさらに書籍などで雑学を積み、やがては自分の名義での著書出版や講演まで行なうようになった（ただし、その肩書は『東日流外三郡誌』所蔵者としてのものであったが）。

古田は、喜八郎のことを古文書偽作などできようもない無学な老人と侮っていた。しかし、実際には、喜八郎は雑学ではあるが、和田家文書の内容を書くには十分な知識を持っていたのである。

先述のように、私がエラズマス・ダーウィンの名を出した時、古田は怪訝な顔をした。それは、古田が、エラズマスの存在はほとんど知られていないと思い込んでいたからだった。

つまり、喜八郎がエラズマスのことを知っているはずもないので、その年代に合わせてのつじつま合わせなど行なえるはずはない、という発想である。

しかし、エラズマス・ダーウィンの名は荒俣宏のエッセイなどで一九八〇年代の読書家の間ではある程度知られていた。実はエラズマス・ダーウィンの名は、昭和六二年（一九八七）刊の喜八郎名義の著書にも出ていたし、和田家文書には「ダーウィン一世」という人物が出てくるものまである（チャールズを「三世」としての一世という意味であろう）。

つまり、エラズマス・ダーウィンの存在で、ダーウィンの進化論と孝季・吉次との設定年代のつじつまを合わせるのは喜八郎にとって既定の方針で古田はそれにのせられただけだった。

岩手県衣川村(ころもがわむら)(現・奥州市)では、喜八郎から安倍頼時(あべよりとき)の骨として提供された物体を現地の安倍一族の墓苑に納めたことがある。それが本物であると古田が請け負ったことで、村が村おこしの事業として行なったわけだが、真偽論争を受けて再調査したところ、それが人骨どころか北米産のクジラの化石の一部であることが判明した。喜八郎は骨董・土産物市場にコネがあったので、そこで入手した骨(?)を使って衣川村を騙したわけである。

喜八郎の歿後、私は、喜八郎の自宅を買い取った和田家親族の方の許可を得て、その家の調査に参加した。それでわかったことは、旧喜八郎宅の天井裏に物を隠せるような空間は存在しないということだった。

そもそも旧喜八郎宅は屋根板のない茅葺(かやぶき)屋根であった。親族の方の話では、囲炉裏を使わなくなった戦後、初めて新建材で屋根を張ったという。それでは屋根にぶら下げられたものがあったとしても、隠されることなく、幼少の頃の喜八郎は毎晩、それを見上げながら寝ていたことになる。

つまりは天井を破って長持が落ちてきたという由来譚そのものが喜八郎の創作だったのである。

●ついに原本を発見！しかし、その実態は…

さて、古田は世紀の変わり目の頃まで、『東日流外三郡誌』には、明治期の写本である現行テキストと別に寛政時代に書かれた原本があるはずだから、それが出てきさえすれば、偽作説はくつがえせると主張し続けていた。

それが詭弁（きべん）にすぎないのはともかく（そもそも明治時代の写本というのが世に出てから後に付け加えられた設定である）、私たち偽書説論者も、喜八郎が底本とした未知の文献があるというのなら見てみたいという期待はあった。

平成一九年（二〇〇七）春、古田は、喜八郎の遺品から、ついに寛政原本が見つかったと発表した。その年の四月二一日に開かれる古田の講演会で、その現物が展示されるという。

また、その寛政原本から採られたサンプルは、アメリカの研究機関に送られＣ一四法による年代測定も行なわれるという。

私は、その会場を訪れ、あきれ果てた……。そこに展示されていたものは、まぎれもない喜八郎の筆跡での書き物と、実録本（江戸時代に出版統制を逃れるため、無記名の写本で流通した歴史読物）に喜八郎の筆跡で「孝季」と署名されたものだった。

そもそも、以前に世に出ていた和田家文書と対応するテキストではない以上、「原本」ですらない。それは他のものと大差ない和田家文書を古田にしかわからない理由から寛政原本と認定しただけの代物（しろもの）だった。

平成二〇年（二〇〇八）六月、古田は『東日流〔内・外〕三郡誌　ついに出現、幻の寛政原本！』をオンデマンド出版したが、その反響はほとんどなかった。

なお、その本には、「左記文献に対する所見」と題する文書に「国際日本文化研究センター研究部教授　笠谷和比古（かさやかずひこ）」という書名捺印が入った文書が掲載されており、そこには「いずれも江戸時代中に作成された文献と認められる」という文章があった。

だが、笠谷が本当に文書を見た上で署名したかは疑わしい（現物を見ていたなら、その中に実録本に細工しただけのものがあることに気付いただろう）。

なにより、その後の一〇年、笠谷は、論文や著書の中で和田家文書に一切言及していない。それ自体が笠谷による和田家文書の史料価値への判断を示すものだろう。

そして、古田が予告していたC一四法による年代判定の結果はついに発表されることはなかった。

喜八郎は和田家文書程度の物を作成するに十分な知識と技術と空想力を有していた。そこに未知の原本を想定する必要はないし、そのようなものが存在する余地もない。

喜八郎と古田によって引き起こされた騒動については地元紙『東奥日報』記者の斎藤光政が著した『偽書「東日流外三郡誌」事件』(新人物文庫、二〇〇九年)にくわしい。

また、古田と私の共同研究の顚末(てんまつ)については拙著『幻想の津軽王国』(一九九五年)、『幻想の荒覇吐(あらはばき)秘史』(一九九九年)、『幻想の多元的古代』(二〇〇〇年。いずれも批評社)の三冊にまとめられている。

●今も『東日流外三郡誌』に惹きつけられる人々

喜八郎が世を去った時、古田は自らの支援組織の機関誌に「和田喜八郎氏に捧ぐ」という追悼文を書いた。その中には次のような一節がある。

「今日まで、わたしは一回も貴方を裏切らなかった。お互いにきびしい言葉は投げたが、背を向けなかった。世間の一人々々が、たとえみんな、貴方を疑ったとしても、わたしは貴方を信じた。信じ通した。貴方が知って、の通りだ」

古田の学風は、信じることを原点としていた。彼は『歎異抄』の「たとい法然聖人にすかされまいらせて、念仏して地獄に堕ちたりとも、さらに後悔すべからず候」の一節に感銘を受け、なぜ、親鸞という人はそこまで法然を信じることができたのかを知りたい、という願いから親鸞研究に入ったという。

古田の古代史研究も、いわゆる邪馬台国論争において、「陳寿（正史『三国志』著者、二三三〜二九七？年）を信じる」という立場を貫いたら、どのような結論が出るか、試みるところから始まった。

古田は『東日流外三郡誌』研究においても、喜八郎を信じる、という方針を貫いた、と主張しているわけである。

しかし、古田が言う「陳寿を信じる」は、結局、魏志倭人伝に対する自分の解釈を陳寿の真意とみなして信じるという意味でしかなかった（『幻想の多元的古代』）。

喜八郎の虚言癖は古田もよく知るところだった。その古田が喜八郎を「信じ通した」と言い張るなら、そこには欺瞞が生じざるを得ない。

古田にとって喜八郎（及び過去に投影されたその分身である孝季・吉次）は自説を裏付ける根拠を提供してくれる便利な存在になっていたのだろう。

いかに独創的な人物であっても、その世界観・価値観は同時代の情報に影響された歴史的形成物である。

歴史研究は、現代人である私たちと相いれない世界観・価値観を持つ人々の間に分け入っていく行為である。しかし、自分の世界観・価値観の正しさを信じすぎる人にとって、その旅路は辛いものとならざるをえない。

そこで、そういう人は過去の好みの人物に自分の世界観・価値観を投影したり、自分に近い世界観・価値観で書かれた偽書に引き寄せられたりすることもある。

私は古田に師事して、史実を捻じ曲げようとしたり、荒唐無稽な偽書に騙される者の心理をも、間近で学ぶことができたのである。

『東日流外三郡誌』真偽論争が白熱してから、すでに二〇年以上もの歳月が流れた。『東日流外三郡誌』偽書説をテーマにした書籍はほぼ一〇年も出版されておらず、過去に出たそのテーマの本はいずれも絶版になっている。

一方で最近、オカルト雑誌などで『東日流外三郡誌』を改めて取り上げたり、当時のいきさつを知らない歴史作家などが『東日流外三郡誌』支持を著書で表明したりし始めてもいる。私の回想がこの状況に一石を投じたならありがたい次第である。

あとがき

私が、本書で扱ったような史書・史料の研究を志してから、すでに四〇年以上もの歳月が流れた。

その当時、これらの史書・史料は「超古文書」「超古代史書」（使用者：吾郷清彦）「特殊史料」（使用者：鈴木貞一）などと呼ばれていた。

一九七〇年代末、佐治芳彦は、吾郷が「超古文書」分類のための便宜に使っていた「古史」「古伝」を合わせて「古史古伝」という総称を使い始める。

その後、一九八〇年代半ばには、田中勝也が「異端古代史書」という用語を使い始めたこともあった。最近では、藤原明が「近代偽撰国史」という用語を提唱している（藤原明『日本の偽書』文藝春秋、二〇〇四年、久野俊彦・時枝務編『偽文書学入門』柏書房、二〇〇四年、所収）。

しかし、これらの用語の中で、もっとも実態を反映していない「古史古伝」が結果として、もっとも定着したのは皮肉な成り行きだった。

この四〇年の間に、私はいわゆる「古史古伝」がらみで多くの人と出会ってきた。愛国者に革命家、真摯な研究者から金目当てに「古文書」をつくり続ける詐欺師まで、その様相はさまざまだったが、共通しているのは今ここにある世界の歴史とされているものを書き換えずにはいられないという業（ごう）だった。

思えば私も、その業を共有しているからこそ長年、彼らと同じ世界に関わり続けてきたのだろう。

最近の私は「江戸しぐさ」問題を主な研究テーマとしている。「江戸しぐさ」とは江戸商人のリーダーたちが築き上げた行動哲学という触れ込みで普及しているマナーである。

近年、小中高校の道徳の授業などで、この「江戸しぐさ」が江戸時代から伝わったものとして児童や生徒に教えられ、さらにその普及を文部科学省が後押しするという状況が生じている。

ところがこの「江戸しぐさ」、実際には一九七〇年代から九〇年代にかけて芝三光（しばみつあきら）（一九二八～一九九九年）という人物が創作し、弟子たちに伝授したものだったのである。この芝という人物を調べるにあたっては、私が「古史古伝」との関わりで得た経験や知見が大いに役立った。

偽史は、手を代え品を代え、再生産され続けられるものだろう。新たな偽史の魔念を防ぐためにも本書が役立つことができたなら喜ばしい次第である。

KAWADE
夢文庫

偽書が描いた日本の超古代史

二〇一八年十一月一日　初版発行

著者……………原田 実
企画・編集……夢の設計社
東京都新宿区山吹町二六一〒162-0801
☎〇三―三二六七―七八五一（編集）
発行者…………小野寺優
発行所…………河出書房新社
東京都渋谷区千駄ヶ谷二―三二―二〒151-0051
☎〇三―三四〇四―一二〇一（営業）
http://www.kawade.co.jp/
装幀……………こやまたかこ
印刷・製本……中央精版印刷株式会社
DTP……………株式会社翔美アート
Printed in Japan ISBN978-4-309-48502-7